知识生产的原创基地
BASE FOR ORIGINAL CREATIVE CONTENT

颉腾文化
JIE TENG CULTURE

图书在版编目（CIP）数据

无事生非 /（美）杨定一著 . -- 北京：华龄出版社，2022.8

ISBN 978-7-5169-2266-8

Ⅰ . ①无… Ⅱ . ①杨… Ⅲ . ①书信集—美国—现代 Ⅳ . ① I712.65

中国版本图书馆 CIP 数据核字 (2022) 第 098360 号

北京市版权局著作权合同登记号 图字：01-2022-2590 号

策划编辑 颉腾文化

责任编辑 貌晓星 董 巍 责任印制 李未圻

书　　名 无事生非

作　　者 [美] 杨定一

出版发行 华龄出版社 HUALING PRESS

社　　址 北京市东城区安定门外大街甲 57 号 邮　　编 100011

发　　行 （010）58122255 传　　真 （010）84049572

承　　印 文畅阁印刷有限公司

版　　次 2022 年 8 月第 1 版 印　　次 2022 年 8 月第 1 次印刷

规　　格 889mm × 1194mm 开　　本 1/32

印　　张 6.75 字　　数 94 千字

书　　号 978-7-5169-2266-8

定　　价 59.00 元

序

我曾经用单摆的摆动，结合意识谱的观念，来描述“全部生命系列”每个作品表达的不同意识层次。透过这样的比喻，我们自然会发现，“全部生命系列”想表达的最多是一个“在”（being）的观念。

你我这一生，都是通过“动”来想得到什么东西——也许是强化某一些价值观，标榜自己的角色，取得怎样的好处，改善这一生的命运或得到什么意义。就连修行，一样离不开这种“动”或追求，都想在最后得到点什么——领悟、开悟、顿悟或是“全部生命系列”所称的“醒觉”。

我们都忘了，修行其实是“在”的观念，倒不是靠“动”。

这一点，即使我早就透过“全部生命系列”再三重复，但是，我知道你还可能质疑，或许也不完全理解。我才会借用莎士比亚著名的喜剧 *Much Ado About Nothing* 当作这本书的书名（著名翻译家朱生豪先生过去译作《无事生非》）。

我希望通过“全部生命系列”的作品，不光为你建立一个理解和领悟的基础，更透过小开本的作品做一个汇总或整合，把最直接、最彻底的真实带出来。

当然，如果你有了之前建立的基础，你应该已经可以理解，就连这些话都还是比喻。其实，没有一个东西叫做真实，也没有一种真实可以说是比较直接，或比较高。

假如你很诚恳读这些书，听这些音声作品，接触读书会，自己也投入练习，我相信这本书所讲的内容，非但不会让你惊讶，甚至你完全可以接受，并拿来验证你个人的体验。

但是，也有很大的可能，这些观念和你的理解有出入，甚至还在你心里产生矛盾与冲突。那么，我还是会建议你回去复习前面作品所表达的观念，一直到这些理念和你的理解完全接轨，完全符合为止。我相信，走到这个地步，你意识的变化，已经会是一个回不了头的转变。不光影响你这一生，也一样影响接下来的生命。

也许你看到这本书的一些标题、句子或用词，会觉得和前面作品所谈的重复。但其实不是，只要你把心胸打开来读，你自然会发现，即使是同样的用词和标题，到这里，已经进入一个更深的层面。甚至，你会明白这种表面上的重复是必须的，才足以在头脑里造成一种对立，让你可以建立一个新的回路或说一个新的基础，再把它解散或推翻。你要把全部的观念消失，才可以轻松不费力随时定在“在”，活出“在”。

我也相信，你自然会发现“全部生命系列”每个作品所表达的，其实是站在不同的层次，说同一件事。举例来说，我大可以早就用Much Ado About Nothing“无事生非”，或“在明明没有事中，生出许多事来”这句话来表达一切。但是，如果一开始就这么表达，我相信没有人可以听得懂。

再举一个例子，我在《真原医》有很短的一章“真正的静坐是真实体悟”（True Meditation is True Understanding），引起相当大的注意。无论国内外，都有许多读者相当错愕，甚至反映看不懂。他们认为静坐本来就是盘腿、呼吸、不动、苦修，有好多需要锻炼的功夫。那么，如果静坐本身只是个领悟，过去认定而且辛勤投入这些练习，又是为了什么？也因为如此，我才透过《静坐》和后来的作品，把这个观念打开。一步步地，到现在，才走到这里。

在这过程中，相信你自然会发现，后面的作品开始逐渐推翻前面的论点。

“全部生命系列”是一个完整的意识谱，而每个作品所在的意识层次不同。我一开始也用单摆的运动来做比喻——假如最左边代表“做”、“有”、“动”，那么，最右边会是彻底的“空”、“在”、“心”、“道”。

也就是说，《真原医》是从身心“有”的层面着手，而接下来的作品，是一路往意识谱的“最右边”摆荡。从“动”到“不动”。从“做”到“在”。乍看之下，我在不同的作品中所讲的好像有冲突，但其实只是层次不同。

尽管表面上有矛盾，但是，也没有关系。我不断提醒，心最后会懂，也自然会整合一切。

对心，没有什么叫矛盾。假如是真实，你的心自然会感应，无论在哪一个层次都会共鸣。我才会说“全部生命系列”是和心对话，和心互动，和心共振。

假如你可以接受这几句话，你自然发现一次又一次地，我会把前面所谈的观点修正，甚至推翻。是这样，我们才可以真正一起进入“在”的状态。

讲到和心共鸣，这本书和过去的作品有一个不同点——是我直接跟你对话，是我的心和你的心互动。我大胆地假设，经过那么多篇幅的理解，再加上你自己的练习，到现在，你已经相当成熟。所以，在这本书中，我试着不再做任何介绍，而是直接切入到心，所用的语言和语气，也会和你过去所习惯的不同。

我同时明白，只要你相信我的出发点是诚恳，知道我确实希望你可以彻底体会到“在”而投入心，我相信你也自然会跟我进入一个很深的共振。不光如此，我也很有把握，你自然会把这本书所讲的话，当作你个人的一面镜子，来对照你一路累积的点点滴滴的领悟。

最后，我也知道你早晚会发现，无论用多少字句，甚至就是这种心和心的对话，其实还是不可能描述那用话表达不了的最根本的意识状态。最多，也只能说我通过这本书，还在“无事生非”。

目录

01 你已经老早活过

我们和“全部生命系列”一起走到这里，我相信，你已经有很多感触，而这些感触，很可能你现在没办法跟人分享。

就是分享了，又有谁可以理解？

你对这世界的看法，可能已经完全不一样。你也可能开始体会，一切，任何点点滴滴的一切，包括这一生的经过、你个人的故事，还包括太阳、月亮、世界、眼前的楼房桥梁、你的家、你的工作环境……一切，都是从你的心流出来的。

跟你过去想的可能颠倒，外在是从你内心流出来，从内心制造出来。你也就明白，这一生想找的全部答案，老早就在你心中。没有一点，不在你心中。

也可能你已经在体会，这个世界倒不像过去想的那么坚实。甚至，连你自己，都不是坚实。它们最多还只是心里化出的一个印象，本身也没有一点一滴有特别的重要性或代表性。

虽然如此，你也已经知道，这一个“你”、这一个“我”都是虚的。你可能会问自己，为什么明明是虚的，感觉上还那么真？让你随时都投入它？更想不到的是，就是这个小小的“你”，在决定你这一生的命，非但可以折磨你，还为你带来那么多的痛苦。

一个不存在的你，反而可以决定你这一生的幸福。这一点，你过去绝对会认为是不可能的。

不光是你自己受骗了，你往四周看看，全部身边的人，也跟着一起被骗，而且，受骗的，还不只现在这一生。

这些，你只要静下心来观察，也就明白了。

但是，也可能到了现在，你还不见得相信我讲的这些话，甚至，你还可能抱着种种质疑，认为一切不可能那么简单，所以，就让我试着用另外一个角度，再一次切入。

对你，就是走到现在，还可能有一个世界、有你、有我、有一个人间、有个“人”的特质可谈的。也就这样子，才不可能跟无常、跟痛苦分手。你可能还不晓得，就是因为认为自己是some-body，是个人物，是人类，是众生，你也就受到种种的制约，而接下来可能对样样都有期待，对这个世界有个完美的理想——有许多现象你可能看不惯，甚至全部的现象都放不过，都想从你个人的角度，希望透过你的理想来改变这个世界。

在这种制约下，你当然会对样样都做一个反应，甚至反弹。在不满中，心里受伤，受到委屈。深深的绝望和无力感，可能让你投降。你也可能不死心，要再进一步抵抗。你还可能告诉自己要勇敢地去变更，甚至希望带来改革，将外头的环境，甚至自己的命运做个改善。

是的，情况确实会改善。但是，接下来你也可能发现，这些改善跟你个人的努力不见得直接相关。只是因为这个世界是无常，你的人生也只是如此，所以，任何情况，不可能不改，不可能不变更。

这样的变更，你也知道，跟我们每个人的生死一样。本来有，自然会变成没有。也可以从“有”，不断地跟着演变，最多只是反映更大的层面所带来的因—果。

难道你还不明白，这个世界最普遍、最靠得住的机制，就是变？有生，当然有死。有变化。有过程。有起伏。

你也可以想象得到，有一天，只要命运好转了，你当然可能又回到原本的角落，满足地享受一切成就，而且还可能希望这种好日子愈久愈好。但是，总有一天，命运又会往坏的方向转变，你又只可能再回到原点。

这一生，你可能经过数不完的高低起伏——快乐、痛苦、得到、损失，像跷跷板两边不断上上下下，而且起伏不完。甚至，到了你最后的一口气，心还可能摆不平。你可能还有未了的心愿，还会有期待，还会有想交代的。到最后，你能带走的也可能只是一个“不定”的能量，还没有消停它自己。

你或许也知道，在这种情况下，是有个机制叫轮回。然而，跟你想的不一样的是，轮回不一定是往未来前进，也可能是往过去移动。就连这么讲，你自然也会发现不正确。毕竟现在、过去、未来都是头脑的产物，你不见得真的要向往某一个时间的方向前进。

你也已经体会到，是透过你现在在看，才有过去和未来可谈。任何可能发生的事，对你也只可能在当下可以体验到。然而，对于当场在体验的你，当然也不可能区分过去和未来。

甚至，你懂了，也可能会试着用别的方法来表达。比如你也许用蚱蜢的“跳”，来表达轮回倒不是线性的，不只是单向的从过去往未来前进。

可能你又回到不晓得哪一个年代，也许是史前时代，还在随时躲避野兽。也许是欧洲中世纪的黑暗时代或过去无数的战乱年代，你可能被贴上女巫的标签，被钉上十字架受苦受难，在恐惧、质疑和冤屈中结束这一生。你也可能突然被征兵，中断你平凡的人生，在战场上失去生命，最后一口气，一样是无止境的折磨和痛苦。也就这样子，继续活出这未了结的能量，而你的意识最多又被流转到别的地方。

这样子来来去去，可能你要活上千万次。

不过，总是有一天，你会突然体会到，这个无谓的生命，任何经验，无论好坏，其实你都活过。好像最多只是在昏迷中，再重复一次。然而，重复再重复，你又能学到什么？

这种探讨，你也可能称为反省或说往内心沉潜，突然变成你人生最主要的部分。你也突然懂了 something，懂了什么，但又没办法把它描述清楚。

这个 some-thing，这个不知道是什么的什么，好像在更深的层面，总之不属于人间，你也不明白。

这也许还不够，你可能发现身体和心的区隔本身是个错觉，而难免想用各式各样的方法化掉这个错觉，让你得到合一。你自然会对任何磨炼身心的功夫感到兴趣。也就这样子，可能让你在几千年前，或几万年后，去接触现代人所称的气功、舞蹈、导引、太极、瑜伽、苦修。你竟然也体会到，透过身体的姿势或一些重复的动作，可以感受到合一。这种合一，你会发现很好用，可以帮助你面对生活，简化生命，让你得到舒畅。而这种舒畅，可能是你过去没有体会过的。

你也可能对各门各派的哲学或宗教，突然有自己的看法。这些看法，好像是落在更深的层面，是正统宗教通常不提，更不用讲可以理解的。你突然体会到，这些宗教或门派，其实要从一种个人的层面去亲自体验，才可以领悟。光是透过经典的文字，无论你多么用功，再怎么钻研，都不可能取代这些领悟。

接下来，你可能想去进一步追求各地的宗教。你也会发现，就是连这种追求，还是离不开你过去所接触的文化，或是心中累积的制约。但是，跟过去不一样，你已经不想停留在传统的门派，而自然会投入宗教所带来的更深的层面，也就是各种神秘的教派。

如果你是佛教徒，可能突然投入禅、净土或密宗。如果你是伊斯兰教，可能去追求苏菲之道。你是基督教徒，也就自然去接触居尔特（Celtic）或其他的隐修门派。你是犹太人，当然也可能会投入钻研卡巴拉。甚至，你如果是清教徒，也可能告诉自己，真正重要的是个人的意识转变或体验，而不是外在世界的累积。

对你而言，投入这些别人眼中非传统的宗派，也就是从外在转到你的内心，老早成为生活最主要的部分，是心灵路上最亲密的伴侣。但是，你知道这些奥秘的宗派也可能被当作邪教或异端，所以，你也隐隐约约地担心自己会被“处决”。甚至，在一生又一生的经历中，你可能确实也被处决过。这就是人类或社会带给你的多次的制约。要面对它，你自然发现，最好是不跟别人分享。最多，只是投入自己的内心。

也就这样子，你把这些社会和别人带来的制约，当作你个人最大的考验，考验自己走这条路的决心——是要继续走，还是就这么放弃？

不管怎么样，无论着重的是身体的功夫还是心理的转化，你会发现，最后的目的都是一样的——都是希望从这个人间跳出来，得到解脱，把最高的真实找回来。

只是，为什么那么难？你用尽一生来追求，也还不够。甚至你再重复多少辈子，也不见得找到。

总是到了某一天，你终于累了。这一生，几十年也就过去了。你突然想起，过去数不完的人生都在做同一件事。这时候，你可能接近彻底的绝望，知道没有别的地方可以去，也没有任何一个现成的解答可以有。

不得已之下，你最多只能勉强自己向内心回转，对自己勇敢提出这个问题——是谁，还不断地在找真实？是谁，对这个人间不满，要消耗数不尽的生命在调整身体的姿势、调理能量、改变意识的状态、诵经、拜神、祷告，而想得到解脱？

你心里明白，这些问题含着一个更深层面的追寻："这真实的根，是什么？""一切的根源，又是什么？""答案在哪里？"

突然，你只可能有一个答案——"我"。

当然是"我"。

是我，在找真实。

是我，对这个人间不满。

是我，生生世世在调整身体的姿势。

是我，想要调理身心的能量。

是我，想改变意识的状态。

是我，早早晚晚地读经。

是我，彻夜不眠地拜神。

是我，不断地祷告。

是我，想要解脱。

是我，还在找真实的根源。

是我，还在找一个答案。

那么……

我又是谁？

你也老早知道“我"之前还有个some-thing，还有个什么东西。而这个some-thing，这个东西又是什么？

就这样，你自然发现了古人所讲的参的方法。你不光是自然找到参，也同时体会到什么叫作臣服。你意识到内心有一个力量，远远比你一次又一次来的人生更大。

走到这里，突然你也体会到，就连回转、就连探讨“我”怎么来的，都是多余的。

接下来，你也只是把自己交给这描述不来的内心的力量。

也就那么简单，那么不费力，透过你自己的生命，你就把全部圣人留下来的宝藏给发掘出来了。

02
你从来没有自由过

有一天，你会彻底明白，一直以来困住你的，是你自己的头脑。虐待你的，不是别人，也不是这个世界。伤害你的，其实就是你自己的想法。

这个头脑，本身就是你这一生的监狱，让你过去从来没有自由过，而自己还不知道。你也就在这个监狱里，做了一个完整的梦。更把这个梦，称为你这一生全部的真实——你的人生。

过去，你如果听到这些话，可能会抗议。你会举出各种现代社会的进步，来告诉我人早就是自由的，根本没有头脑的监狱，也没有什么叫做不自由。

你过去也许还会提醒我，透过社会的发达，你已经可以有各式各样的选择。以前，在落后的奴隶社会里，你可能得一辈子劳苦、吃不饱、穿不暖，没有翻身的机会。现在，你至少可以选择投入某一个领域成为专家，自由选定某一种职业，可以自由恋爱，决定结婚或单身。你会认为，怎么去安排人生的大事，要爬上哪一个社会的阶层，都是你自己可以选择。从你的角度，现代的进步，也就是可以有个人的选择，或自由。

你不只可以决定人生的大事，包括每天从一早起来的刷牙、吃饭、穿衣服、上班、面对种种事情、选中这个、不要那个、称赞人、批评人、回家、休息……你随时都认为自己可以有一个选择。

然而，你已经无奈地体会到，你过去认为是自由的这种自由，不光是需要一定的条件，甚至还是透过比较才有的——前面有个状况是不自由，接下来才有一个“比较进步”的状况是自由。

你只要够仔细，也会观察到，认为有选择或没有选择的人，其实是小你、小我。无论怎么分析，你走到最后，自然会发现小你、小我本身就是头脑产生出来的。再怎么歌颂自由或认定没有自由，这本身也只是你头脑的声明。

你也许听过我用这样的比喻——你在梦中再怎么激烈地探讨自由的问题，只要一从这个梦醒过来，你自然对这个题目不会再感兴趣。因为，梦里的你自由或不自由，和醒过来的你，根本不是同一回事。

但是，还不光如此，你只要观察自己的每一个选择、每一个动作，也就自然发现都是透过种种的状况来组合或筹备的。你对职业的选择，要看你过去的训练和周边大环境的变化。一口呼吸，也要各种肌肉的协调和生化反应来配合。就连你的想法，也是站在一定的价值观而有的。在这个人间，你无论做什么选择、领悟到什么观念，都还是从其他条件衍生出来的。

你离开了这场梦，也只可能发现过去在梦中认为每一个瞬间有的自由，本身其实不存在。假如样样都是由前一个瞬间的条件所指定，那么，你不可能有一个真正的自由可谈，因为，这个自由本身也是透过条件而好像成立的。

换一个角度，就是你还认为样样都有一个自由的选择，那么，我还是要提醒，你过去认为的自由，最多是一种短暂的自由，随时会消失的自由，是靠不住的自由。说到底，其实称不上自由。

当然，你现在也明白，过去会认为你还有自由，这种想法是难免的，最多也只是反映你这一生的框架。这个框架，让你建立一个完整的世界。而你在这个自己设立的世界里，当然都会认为自己是自由的，会认为样样都是你自己可以自由的选择。

活在这个框架里的你，过去几乎不可能想到，人类愈“聪明”，文明愈发达，反而愈懂得怎么透过社会的规则建立更多的约束——不只告诉你什么是自由、什么是不自由，还一点一滴地教你哪些行为可以接受、哪些行为不可以接受……你所想的、所讲的、每一个感受、每一个行动，都被它锁住了。

你在这个框架里，绝对观察不到有这个约束的锁链。进一步说，活在人间，你没有一个动作是真正独立的。你的一举一动，都离不开过去的约束。不光是动作，就连你的每一个念头，都离不开你这一生自己所建立的一个完整的范围。

不只如此，甚至我们还可能对物质的某一个状态不满意，而还有本事透过头脑将它转成其他的形态。你只要看看四周，也就知道随时有新的材料和科技可以采用，都是希望在物质层面做一个革命，不断求新求变，从每一个角落去满足你对物质的需求。

你回想看看，这一生，你对世界、对自己的印象，是不是全被物质填得满满的？你以前最多是隐约感觉到，这些印象再丰富，好像还是集中在一个局限的范围，但是，消化这些印象都来不及了。不知不觉，对你来说，除了人间可以取得的知识、感情和物质，哪里还有一个更深的意识存在？

站在这个框架里，人生，好像最多也是这样了。你很少会再去想这一生来之前，或走掉之后，可不可能还有一个更深的意识存在，而这个更深的意识，可能跟物质是完全无关的。

很可惜，你只要一投入这个人生，透过文明的发展，你也跟大家一样认为是物质的一切决定了自己的命。你也可能就拿这短短的一生，也许几十年，也许一百年，透过各种“动”，忙着从一个状况，转到另一个状况，再去追逐其他的状况。

换句话说，在人间，你样样的“动”，都是为了符合一个或好几个条件。再多的转变，还是透过一个有先有后的因—果在运作。全部都是你过去的制约，但是，你会把它们当作完全新鲜。甚至，你还会把这些转变当作人生的目标，不断鼓励自己要努力地追求，勇敢地克服，希望能圆满地完成。

你过去以为有自由，但样样其实都是制约的，都要符合条件，而且是一连串的条件。你即使没有了社会的制约，在更深的层面，你还是不自由。你现在当然也明白，这就是业力的法则。我想，这一点不需要在这里再谈下去了。

就连你的认知，你以为是自己可以决定的，也不可能让你自由。只要你静下来，观察自己看到的、听到的、可以体会的、想到的……自然会发现，任何知觉，只要你可以指出来的，都是从旧的知识、现成的规则里浮出来的。

你看着一块木头，怎么说得出它是桌子还是椅子？听到一个声音，怎么知道这个声音的主人是男、是女、是老还是年轻？闻到味道，怎么知道是一根草还是一朵花？是花，怎么知道是玫瑰还是百合？一个念头冒出来，怎么会顺着一套逻辑自己衍生下去，还让你觉得样样都合情合理？

你已经可以承认——你的认知，包括念头，都离不开制约和因–果的轨道。如果没有预设的规则，没有先前的知识，你可能什么都指不出来，更不用说还去排列好不好、对不对、重不重要。

任何受到因–果作用的，你都可以继续往下追。中间最多是抓住一个因，停留一阵子。但接下来，你还可能再去找它的原因。而你只要一路追到底，也就不得不面对这个事实——其实，没有一个东西叫“因”。

因，还是你自己头脑的东西。是头脑为了满足自己的运作，才虚构出来的。没有因，头脑建立不了一套道理，可能运作不了，还会“宕机”。这种下场，当然也是头脑最害怕的。

对头脑，样样都要有原因。就连你的痛苦，都要有一个原因，才能满足头脑的运作。头脑会抓住这个因，把痛苦放大再放大，变成一个非要你解决不可的问题。再从原因，帮你安排一个解答。而这个解答也许是要你去累积财富，也可能是要你得到别人的尊敬，也可能是去钻研知识，取得更高深的学问，也许是要你改善身体的健康或去追求心理的疗愈。甚至，可能是修行。

你会一点一点地认清，在这个人间的一切，包括你的痛苦，甚至包括你认定对痛苦的解答，没有一样是真的。全部，最多是在一个转变的过程。从一个好像有的问题，转到一个好像可以有的解答。你忙着从一个状况，再转到另一个状况。只是，无论什么状况，都只会停留很短的时间。

就连石头、矿物、星球，看起来好像不生不死，你都会发现离不开制约和因—果。对无限大的永恒，还是无常，而且，还是配合着头脑的作用。

是谁的头脑的作用？就是你的。

全部，都是你的头脑在运作。

没有一个东西，你所认知的，真正存在。只要你想得出来，绝对不可能是真实。只要你可以理解，甚至领悟到的，也不可能是真理。

你这么走到了真实的门户，自由的门口，但是，你可能还在犹豫——放开了头脑，你这一生会不会什么都没有？甚至，连醒觉都没有？

而我最多只能提醒你，就连这个担心，一样还是离不开你头脑的作用，离不开你这一生带来的约束，只是让你从自己设定的框架里跳不出来。

我要坦白地说，醒觉倒不是靠你知道多多，反而是靠你不知道多少，甚至，是靠这个不知道，而不断地不知道，你才自然而然醒过来了。

只要你还可以指出来知道什么，也老早被因—果带走，继续在一连串的制约里打转。可能还要继续发表自己人生的故事，继续数不尽的伤心，流不完的眼泪。

不知道，你对样样反而不再加一个肯定，不再加一个标签。你不再让眼前的东西或状况把自己带走。不知道，接下来，是不知道。再接下来，还是不知道。没有一个知道可以作用，不知不觉，你也就把因—果的锁链中断。

你会突然发现，就是没有想什么，还有一个知。没有知道什么，还能够觉。没有了头脑的起伏，倒不是什么都没有。样样，反而有了全新的开始。

怎么开始，都可能。当然，你就算什么都不开始，也一点事都没有。

你过去一直在寻寻觅觅，不断在找人生的答案或出口。你现在发现，一切的答案，包括你在找的出口，其实是在你自己。

出口，还只是你自己的头脑。

03
自由，你老早就是自由

我相信，你可能也突然明白，前面讲的“不知道”甚至“不可知”的自由，跟这个人间一点都没有关系，也更不是你在人间过去所认为的自由或不自由。

这种自由，是真正不生不死的。你还没来到这个世界，就有这种自由。你离开了，还是有这种自由。这种绝对的自由，从来没有动过，随时都存在。人类的特质、你的任何特质，跟这种自由一点都沾不上边。

你不会再去辩论有没有这种自由，自然会想诚恳地去探讨——这一生，趁自己还有这口气，可不可能体验到这种绝对的自由？就是你这一生可以体会到，但值得进一步探究的是，这种自由，是不是可以让你带得走？甚至在你下一生来之前，还是可以体会？

这才是重点，才是关键。

就算你已经亲自发现这些话是正确的——真正有这种不生不死的自由，而你随时都可以活出它——你看着周边的人，心里有数，谁会想到要问这种问题？可能还会认为对自己日常的生活一点都不重要。

对大多数的人，这些问题可以说是遥不可及，甚至遥不可及到一个地步，根本不会成为问题。但我相信，你走到这里，这个问题，已经变成你这一生追求的重点。

你不会再小看人间带来的样样的约束。这些约束，本身老早把你彻底地影响，而你不会再轻忽它们。你心里明白，这些约束和影响的作用可以大到一个地步，让你难以解开。

你也突然发现，也许就是你自己，本来想要解脱，没想到修行了几十年，也还在制约自己，认定透过这个小小的身心，这一生不太可能活出自由。甚至，认为没有一个东西叫自由。这一来，谁会去想到竟然可以去体验自由？

你已经意识到，这里谈的自由，没有门槛，甚至不能说它有门户。这种自由，不是透过“动”或“找”可以得到，因为你就是它。

其实，你就是自由，只是自己过去非但不知道，还认为不可能。就这样，你认定非要透过各式各样的修行、练习、法门、宗派、仪轨、数不完的规矩、多少年的功夫，才可能得到。

甚至，如果不是彻底转过来，你可能还认为自己这一生是绝对不可能找到的。你会认定自己这一生充其量只能活出人间的种种境界，最多为下一生打一个基础，期待未来什么时候可以得到。你还会安慰自己，这样子也就够了。

对于这种理解，你现在会忍不住叹口气。

你已经明白，这些理解，还是离不开无常的“动”、追求或是体验，反而把“全部生命系列”所讲的绝对和永恒，当作完全不存在。不过，你早晚也会发现，事实是刚好颠倒。

讲一切都是颠倒，最多只是过去你在一个不同的轨道，而切入点是不正确的，才会误导自己到这么彻底的地步。

你本来认为，人类的意识应该最高等，也最自由。毕竟，你过去都没有发现，自己这一生活在人间的种种体验，也只是透过神经的作用，让你把资讯转达出来的印象当作实体。在这种神经的作用下，你自然而然把神经系统发不发达，当作生命意识的高低。你也就以为矿物低于植物，植物又低于动物，而动物发展到最高点，才是人类。

然而，你总有一天会了解，人类意识反映出来的聪明，最多也只是在一个很窄的层面里重复地比较、分别，造出区隔。反过来，站在整体，样样都有意识。只是，这个意识可能跟你想象的很不一样。不是你熟悉的二元对立，不是比较和分别。这种意识，反而是属于一种不分别、不比较的状态。

你过去怎么也想不到，这种不比较的意识状态，还更接近无限大的绝对或是一体，而且，就连一块石头，都有这种意识。因为这个石头从来没有离开过一体。把它当作石头的，是你。是对你，有石头的存在。是对你，有矿物、植物、动物、人类的区隔。假如没有你，其实也没有这些区隔可谈的。一切，只剩下无限大的意识，而这种意识，本来就是自由的。过去，是你非要把样样都做一个区隔，才制造了那么多“体”，包括你自己。

你只有把自己的聪明和认知挪开，才可能突然体会到这几句话，而剩下来的人生，也就跟着变更了。这时候，你才突然领悟到什么叫作自由，也才突然明白自己从来没有不自由过。只是因为有头脑的干涉，你过去会认为不自由，而还要透过修行去追求自由。你从来没想过，事实刚刚好又是跟过去的想法颠倒。

但是，就是完全自由起来了，你也突然发现，倒不需要再继续透过“动”或是“做”来表现自己的自由。

你过去还可能幻想，一个人醒觉，就要活出一种疯狂的自由，完全任性，不顾虑人间的任何规则。到这时候，你心里很清楚，这种观念本身也一样是一种大妄想。

你真正自由起来，自然会发现眼前每一个画面全都是平等。在平等当中，最多只是一个个重叠在整体上的影子。你没有必要做任何动作来表达自己的自由，而会自然活出爱和同情，可以包容一切。这种自由，跟人间的物质、人间的条件再也没有关联。

你进入每一个瞬间，都是透过平等心。然而，这个平等心是你本来想象不到的，是把过去、现在、未来全部看成平等——你把还没有活过的全部的未来，都已经看透了。

未来再来什么，也一点都不会吸引你的注意，而让你偏离绝对的本质。然而，就是你投入了眼前的状况，也彻底知道什么都没有受到影响。你把事情处理完了，把该交代的交代了，你完全还是一片宁静，你随时还只是自由的。

这才是真正的不动。

是在“动”，随时取得不动。

是在“想”，随时取得无想。

是在“变”，随时取得完美。

是在每个瞬间，活出永恒。

这才是大平等，大自由，是你在这一生都可以活出来的。最多，只需要一个突然而彻底的心态转变。你会突然明白，我不断想告诉你的，都是实话。实话，也只是生命的真实，绝对的自由。如果这些话还需要验证,那么,必须是透过你的每一个细胞亲自去活出来。

甚至，我要更直接地提醒，要活出你本来就有的自由，其实最多也只是肯定它，而接下来承担它，倒不是透过你活出或不活出任何东西。

讲得更透彻一点，其实，连这几句话都不完全正确。真正的自由,不只跟你活出不活出,没有一点关系。甚至,跟你肯定不肯定它,承担或不承担,也一样无关。就算你不认同，它还是一样存在。

这种自由，是不费力的自由，是你老早就有的自由，比任何人想象的都简单。它简单、不费力到一个地步，是任何人都不会相信的。甚至，包括你，都可能不会相信。

我才会不断提醒，我在这里所讲的这些话，甚至“全部生命系列”所要转达的观念，其实不见得适合每一个人。甚至,坦白说,也不见得适合你。我指的是,还完全活在头脑的你。

它倒不是透过你的头脑可以理解，而是透过你的心来共鸣和领悟。这些共鸣和领悟是直接的，没有经过任何解释或是过滤。透过头脑的理解，反而最多只会带来更多的矛盾。

你的头脑在相对的范围里，永远不会领悟到绝对。你局限的聪明，不可能体会到无限的智慧。透过身体和头脑，你再怎么忙不迭地“动”，不可能取得永恒的“在”。

一切，是刚刚好颠倒，是你把相对、局限、“动”挪开，绝对、无限和“在”才会自然浮出来。因为它，本来就是你的本质。

04
你什么都不是

走到这里，你可能已经发现，人生，真的是一场梦。但是，为什么还那么难从这一场梦醒过来？

你也许已经意识到，你一生又一生地来，最多还只是在延伸一场又一场的梦。在每一场梦，你自然知道表面上在扮演一些角色。梦中，不管什么角色，对你好像都很重要。而且重要到一个地步，还可能让你迫切地想延续这个梦，而接下来又不肯放过它。也就这样子，你过去耽搁了多少时间，不断肯定一个虚的梦。

你也突然发现，你在这个人生可以看到的全部，都离不开这些梦所带来的幻觉。走到最后，也让你体会到其实 You are nothing. You are no-body. 你什么都不是，你谁都不是。只要你还认为 You are some-thing. You are some-body. 认为自己还是什么东西，还是什么人物，你也就知道自己还在被这个梦催眠，也许还舍不得放过它。

我相信，到这里，你也已经明白，You are nothing. You are no-body. 你什么都不是，你谁都不是——这句话其实是我对你最高的赞美，倒不是一般人认为的反讽。

你可能心里早就有数，假如我还称赞你是哪一号人物，有什么地位，做了多少善事，有多大突破，多少财富，完成了多伟大的工程，有多少本事、功夫，有多深的定力、有各种人间认为多大的成就、多美的特质，其实反而是害了你，可能又耽误你，让你再延伸自己的错觉。

有时候，你难免会忘记，任何特质、再了不起的成就，还是你透过头脑创出来的。只是，我也相信你也老早已经体会到，无论你有多大的本事、多大的能力，在永恒的无限里，连一眨眼都够不上，还只是五官加上头脑的把戏。

你也老早知道，只要是头脑造出来的，当然只可能有生有死，不可能永恒。就算你努力活上一百年，把生和死之间的间隔延长再延长，再长的时间，和无限的永恒又怎么能比？

你走到这里，也早就明白自己倒不是一个那么小的存在，更不会认为这些特质有什么重要性。

然而，值得再问一次的是，既然你已经这么清楚，为什么还是那么难醒过来？

答案，你其实也老早已经知道，最多只是你彻底忘记了自己是谁，自己成为了 some-body，变成了某一种人，而把眼前看到的 some-thing. 一切，认为是真的。

对谁是真的？

当然，是对虚构的你，是真的。只要你进一步追究下去，也会发现其实没有一个真正地东西叫作“你”。当然，也没有一个东西叫作“我”，更没有一个东西叫作“世界”。

假如你知道自己真正的身份是什么——无论存在、知识、能力，你都是无限大，那么，你可能会笑自己，竟然还会重视这些人间的特质，不管这些特质多“伟大”。

最多，也只是你把本来再明显不过的真实忘记了。但我也知道，只要提醒，你也就记得了。

你会一再地感受到，把自己落到这些人间的特质，其实就像一只大鹏鸟，本来有整片的天空，竟然会把自己落在一个小角落。也就好像你这一生，忘了自己是谁，还非要把自己钻到一个不成比例小的人间，在里面想得到“成就”。不只如此，你对这个成就可能还相当满意，舍不得不跟别人分享。

最可惜的是，你还可能把人间的你、世界、成就……一切都变得再真实不过，让它们变得不可能不是真的。

然而，你只需要冷静观察，也就知道在这个人间，没有一件事情、没有一样东西不是随时都在变更。没有一个东西，没有生，没有死，本身有一个永恒的架构好谈。没有一个东西，可能代表真实。

这样子的人间，会让你不知不觉接受这种波动和变化，当作对生命有全面的代表性，也就自然让你过去认为生命的永恒是不可能有的。就是有，你这一生也体会不来。

体会不到，活不出来，你现在也知道，最多还只是因为你把真实颠倒过来了，才会认为眼前种种的物质、种种的念相是真的。

让我觉得最可惜的是，这些话，即使你现在可以听懂，在心的层面，更是认同的，只是，因为你这一生被这个人间影响太透彻，所以，还是让你活不出来这些道理。

05
在影子的世界里注定

这一生，你过去完全投入这个物质的世界，几乎没有怀疑过它的存在。

只要你的注意力一直守住物质的层面，当然你也根本不可能留意到，这个由分子组成的物质世界，只是种种可能中的一种可能，而且，最多只是一个小的可能。与你生命本来可以活出来的全部相比，根本是不成比例的小。

这一点，无论我重复多少次，你还是可能会忘记。尤其，如果你有科学的背景，你还会想着去追求生命或宇宙最初的源头。对你，这个源头，也许是小到看不见的分子、原子，甚至更小的粒子，也可能是一种现在仪器还观察不到的暗物质和暗能量。你可能认为这个源头不光可以解释一切，还可以解释意识。你甚至还想继续跟我分享，它们作用的范围，比一般的物质和能量远远更大。

只是，你很难相信，就连暗物质和暗能量，甚至任何其他更深的原理，也不会是世界最终的解答。科学家接下来一定会发现某种更终极的什么。而这种追究，是永远追不完的。

你早晚总是会发现，这些追寻，表面上好像是在追根究底，但其实还是头脑在不断延伸它自己。你也会明白，确实有一个状态，是没有生过，也没有死过，是永恒的，而且，站在永恒，如果你还要讲永恒前有什么，或永恒后还有什么，这种表达是完全没有意义的。

你也可能对超感官知觉、外星生命、神通、微细的能量、各种能量体、气脉、脉轮和其他种种的功夫，包括其他的空间或灵界特别感兴趣。你还可能认为这些玄妙的现象，比一般的物质有更深或更高的代表性，更值得你去投入、去钻研。

但是，和科学的追求一样，这种追究，也是永远追不完的。对你个人的状态，也没有什么帮助。甚至，还可能让你在这个虚拟的世界，陷得更深、更彻底。

其实，你不需要特别去追寻宇宙的起源，光是回转过来看着自己，看着每一个部位、每一个器官、每一个细胞，甚至分子、原子、粒子、能量……也竟然会发现全部都没有一个独立的存在可谈。任何现象，没有一个最终的本质，没有一个核心。样样，本身是空的。

你会发现种种的追求，最多只可能从一个状态追察到下一个状态，从一个条件再延伸到下一个条件。而这种追察，永远中断不了条件和关系的锁链。

不光你身体内的组成是空，就连你身体外的任何东西，任何你可能看到、感触到的，都一样是空。你的一个念头，一个观念，可以想到的机制和原理，只要往下去追察，到最后一样还是空的。最多，只有空。

空，才是你主要的成分。只有空是本质，是永恒的。

然而，这个“空”可能跟你原本的想象完全不一样。无论你想到什么，再把它消失，都不是空。反过来，是你把一切可以消失的，都排除，最后剩下来那个排除不了的，才是空。

这个空，不等于“没有”。这个空，其实是活的。

它本身就是意识。是绝对的意识。是意识的海。过去，也有人称为阿赖耶。

总有一天，你会发现，一切，你在人间所体会到的一切，是从意识海延伸出来的。这个空、最纯的意识或是意识海，本身就是觉。

其实，你随时都在觉，只是你过去把注意力完全放在觉察到的什么东西。你现在可能已经发现，只要你可以觉察到或认知到什么some-thing，也就被这个充满摩擦、阻碍和二元对立的人间带走，又让你凝固了一个东西、一个念相。

就这样子，本来自由的你，突然变成不自由。你的注意力已经被绑住，把自由而无限大的意识，冻结成一个东西、一个人间。其实，你也老早就知道，这种冻结或凝固的原理（你也可能称它为一个有动力的机制）当然就是业力。

你、我，在这个人间是业力的组合，而你竟然非要随时去肯定它不可。

想到这里，你大概会叹口气——站在这种机制，你这一生，还可能醒过来吗？

确实，我过去也是这么说，就像一个人在睡梦中，而你在外头，想让他体会到这是梦，难度很高。甚至，可以说是不可能。你在梦的外面再怎么喊他，他听不到。就算他听到了，可能还会讨厌，会嫌你烦，觉得是你有问题。他明明好好地或痛苦地在过，难道你不知道吗？你看不到他认为再明白不过的事实吗？就算他人生的架构只是一场梦，然而，他是梦的主角，他当然舍不得放弃这个角色。不要说放弃，万一看清楚自己只是演一个角色，这场梦又要怎么继续下去？

我也必须很诚恳地提醒你，即使走到现在，你也可能还是像这个在做梦的人。是我，不断在外面，透过“全部生命系列”想要把你喊醒。只是，你可能一样地会认为有错觉的是我，而你自己是完全理智。但是，早晚，有一天，你会彻底从你的梦里醒过来。

醒过来，不像你原本想的那么难。醒过来，其实是不费力，跟你做不做、进行不进行、练习不练习，都没有关系。

醒过来，也只是因为一个虚构的东西，早晚会消散。你突然发现全部消失了——全部的现实、宇宙、星球、文化、文明、社会、家庭、你、我……你这一生过去点点滴滴累积的全部经验，在一个瞬间，完全消失，解散它自己。

这时候，你终于可以体会到觉，从而彻底地知道，在这个最纯的觉之上，重叠着一个影子。这个影子，也就是你认为是真的全部，是你的人生。这个原本真实无比的人生，还在继续演变，但突然就像模糊的影子，重叠在意识海上。

不要小看这个影子，它含着最丰富的细节，才会让你那么投入，而那么彻底被骗。但是，到此为止，我相信，你接下来也不可能再上当了。你已经明白，除了你现在的知觉，还有一层最原始的觉同时存在。至于什么是真，什么是假，到这个时候，对你也自然颠倒过来。然而，你也不会想特别去说明。

在这个影子的世界，你不光是一个主角，你还是导演。更不可思议的是，你可以一边演，一边导，一边写这个剧本。面对这几句话，你以前可能会抗议：不是说人间一切都是注定的吗？怎么还可以写剧本？甚至还能当导演？

这只是因为，你过去不知道自己真正的身份，才还会有这一点质疑。

确实，全部都是注定的，连你要说一句话、抬起手、下一个瞬间要想什么，都是注定的。虽然如此，这个被注定的你，对整体并没有任何代表性。而真正的你，是远远比这个被注定的你更大。

只要懂了这些，你也突然晓得，一切的剧本，是你在无明中写出来的。

看穿了这一点，你的剧本已经改了。你也自然可以选择，跟这个剧本、跟这个角色再也没有一点关系。你只是轻松地选择放过这个身体，让它活出它这一生想活出来的。你完全明白，接下来的这一生，跟真正的自己再也没有什么关连。

真没想到，也就是这么简单。

你只是看清楚了，这场戏——这个宇宙、世界、人间、你、我，是你自己亲手造出来的。是你还没有来这个世界，就已经安排好的。每一个最微不足道的细节、每个瞬间可能发生什么、谁可能有什么反应、你可能扮演什么角色、做什么动作、怎么弥补……你都老早一点一滴地规划出来了。

我在这里要大胆提出来，你有的工具和手段，只是业力。业力，是你头脑制造出来的机制。你这一生一切的安排，最多也只是业力的转变——一个表面上的因，带来一个表面的果。从一个因–果变成一连串的因–果，造出一个完整的虚拟的世界。

全部这些，都是你自己老早安排的，只是你过去一直不知道。

等你想通了，最多也只是知道你自己就是演员，自己就是导演，而自己也是这个剧本的编剧。同时，你对这几句话再也不会感到惊讶。然而，严格讲，没有一个东西叫想通，因为领悟是根本想通不来的。

突然，你意识到，我过去所讲的——每个人都可以同时活出两种意识，或两个意识的轨道——这句话是真的。你发现，你在这个人间可以体会到的一切，确实都是相对，是在局限中，由同样是局限的种种条件组合的。可以生，也可以死，样样都是无常。同时，也确实有一个绝对的层面，不受任何条件的影响。是永恒，是不生不死。是无限大，也是无限小，含着你全部的潜能。只是，你过去把它忘记了。

你醒觉过来，不光懂了这些，最有趣的是，你还可以从这个领悟延伸出另一个轨道，随时活出相对和绝对。

在每一个相对，你都知道绝对存在，让绝对释放出来。

反过来，你站在绝对的层面，也不会在意同时活出相对。相对威胁不了它，再也盖不住它。你过去一切的矛盾，也就跟着消失。

唯一的差别是，本来你的头脑应该有种种的反应、作为、规划、抵制、抗议、反弹、推翻、矛盾、冲突甚至改革。然而，你现在选择不去干涉。不去动。放过一切。或者反过来说，你一切都可以肯定，你一切都可以顺着走，而放过小我带来的任何动机。

也就这样子，你随时在重写这个剧本。有时侯，你也让这本来的剧本完成它自己。让原本就注定的部分，活出它本来要完成的情节。

你已经跳出人生的轨道，知道人生任何角落跟你真正的自己建立不了一点关系。也不管有没有一个注定不注定，该做或不该做什么。这个题目，跟真正的你完全无关。你最多只是不断肯定、活出自己的自由。然而，这种自由，是人间不光看不到，而且还是体会不到，理解不了的。

但你没有想到，是只有这样子，生命突然变成不费力，彻底地不费力。

我前面才会说“你什么都不是”这句话是最高的肯定，而最多只是希望你活出这个不费力的真实。

然而，活出这个真实，其实不靠你做任何东西。

06

修行，最多只会强化“我”、强化“你”

你到这里，也可能已经体会到——就是因为有“我”有“你”，我们才有人间。有痛苦，有快乐，有公平，不公平。还有数不完的区隔和分别。

是的，如果没有“我”，没有“你”，世界其实也跟着不存在。你眼前的现实，也就突然消灭。其实，这个世界就是从“我”，从“你”衍生出来的。

你观察头脑和感官的运作，自然会发现，不是别的，是你的头脑会化出来一个世界。而且，化出来的还是一个不客观的世界，处处都带着“你”的主观。加上了“你”的颜色，你这个虚构的世界，还可以和其他人虚构的世界区隔开来。

你过去始终不相信这一点，当然也就随时迷失在这个人间，而自然会想强调“修行”的观念。你会希望透过“修行”所带来的练习、功课和法门，让这一生得到一个解答。

会这么想，不是你的问题。最多只是这一生来，你好像失去了一些记忆。你不只忘了这个世界是虚构，更不记得连“你”也从来没有存在过，未来也不会存在。如果你想起来，自然也就完全明白——根本没有修行可以谈，没有东西可以修。

一般人会讲究修行，是自己认为被这个世界束缚，才希望透过修行寻找解答，想得到一个解脱，让自己自由。

然而，你只要回转到自己身上，你不可能不去问自己——谁知道自己在修行？谁知道自己在静坐？是谁，还有一个体会？是谁，知道自己酸麻冷热痛？是谁，全身气机发动？是谁，打通了任督二脉？是谁，知道自己只差临门一脚？是谁，知道自己修行有成就？谁看得到光？听得到声音？谁，有一个空灵的体悟？谁，在悟道？谁，要进入“空”？是谁，知道自己自由？是谁，知道自己快要成道了？是谁，有超越世界的体悟？是谁，感到解脱？

你明白，自己老早是自由的。过去唯一可以绑架你的，是一个虚构的“你”。你过去认定“你”存在，才有那么多篇幅可以发挥，还要让你追究什么是业力、什么是头脑、什么是痛苦、什么是制约。

以前，你让这些本来不存在的观念，将自己束缚了一辈子。如果不是彻底转过来，你可能从出生到现在，甚至到死，还是完全离不开“人”创出来的这些现象。

你现在可以体会——你、我，其实都不存在。这个世界，也一样不存在。最多只是虚拟资讯的总和，让你得到一个很坚实的印象。既然，全部都只是虚的资讯，又哪里还有一个东西叫“修行”？哪里还有“练习”可以让你投入，去取得“真实”？

假如还有一个东西叫“修行”，那么，这个修行的角色，可能和你过去所认为的完全相反。最多，是提醒你本来早就是的。如果还有所谓的修行可以谈，最多是透过这样的提醒，把你带回来。

带回哪里？回到你本来就在的家，你的本性，你的心。

光是这段话，或许已经跟你这一生过去所看到、听到的都不同，甚至可能是颠倒。你如果还不相信这个世界全部都是头脑建立的，当然也不可能就这么死心，还会追问：“假如没有一个东西叫修行，那么，我怎么可能得道？怎么可能解脱？”

毕竟，你过去为了修行，可能已经牺牲了不知道多少人间的享乐、人间的机会、人间的可能。你当然会害怕，难道到这里，你连得道、解脱的希望都要失去？

然而，我也只能再对你坦白——其实，连一个世界、人间都没有。它们本身最多只是资讯，是从你的头脑延伸出来的。连你认为自己可以牺牲的，也一样只是资讯。既然如此，你还认为真的有得道或解脱可谈吗？

真要谈得道或解脱，最多，是你本来就是得道，本来就是解脱。只是你也自然不知道、不相信、还在质疑、认为绝对不可能。你才只好走那么多冤枉路，一次又一次回来。让自己被自己带走，迷了路。

你到现在可能才体会到，正是因为大部分人还不相信，所以我还需要透过那么多篇幅，甚至还要有一个“全部生命系列”，来表达这些再明白不过的事实。而最后，最多也只是让你、让每个人理解这几点。

理解什么？理解——如果你的现实，其实是虚的，为什么还需要费力去解开？假如它本身不存在，为什么不让它轻轻飘过去？至于飘到哪里，你也不用再去追究，不用管，对你也不重要，而且，这种领悟，跟任何练习或不练习，修行不修行，又有什么关系？

过去，你可能会认为，这么想，和疯了有什么两样？现在，你只要冷静下来，也就会发现，这个世界，从你出生到现在所看到和学到的全部，只要进一步去分析、去领悟，和事实都是刚刚好颠倒的。

你也已经逐渐体会到，前面讲过人类的两种意识：一个是永恒的绝对——从来没有生过，也没有死过，本身就是宁静、涅槃、爱、欢喜。另一个是所谓的人间，最多只是从整体划出来的一个很小的小角落。本身不足以证明自己、不足以支持自己。人间的每一件事，都要透过“别”的条件才有。任何标准，都需要衡量、比较才可以得到定义，没有一个自己独立的立足点。

你站在绝对、永恒的全部，看这小小的人间，其实渺小得一点都不成比例。就好像在风中飘落的羽毛，风停了，羽毛也就落下来。一切，就是那么的短暂，那么没有代表性，只像一粒尘埃。

当然，对你而言，这最多也只是不同的比喻，再重新切入同一个观念。

也许有一天，你会完全明白你的头脑去衡量、评估、捕捉这些世界现象的机制，本身也只是“你”。这个头脑带来的小你，是你这一生过去效忠的主人，然而，这个头脑和小你，最多只能体会到这个世界。对任何东西，超过它可以理解的范围的，它非但不可能接受，更不可能重视，又怎么可能会想跳出来?

透过这样的机制，你不光是可以骗过自己，还不断强化自己的限制，从里面延伸出更多数不完的现象，继续绑架自己。而人类文明的发展，最多也只是让你愈陷愈深，进入彻底的无明。更遗憾的是，人类即使到了完全毁灭掉自己的一天，也还不一定能清醒过来。

但是，即使毁灭自己又如何?“人类”本来也是头脑的产物，会生，也会死。说毁灭，也只是大规模的死，本身也没有什么代表性。在过去，人类和地球甚至已经毁灭过不晓得多少次，也没有什么好遗憾的。

真正遗憾的是，你到现在还可能不晓得真正的自己是谁，而还可能继续迷失在其中。这是我认为最可惜的。我透过那么多作品，最多也只是希望在你脑海里落下一颗种子。但愿能为你启动一个完全不同的机制，让你一路顺利地走回家。

你个人有没有这种福报功德，最多也只是靠你自己的成熟度。成熟度，最多也只是一个突然的转变，就像念头瞬间一闪过去那么突然。最多也只是这样子，你也就自然成熟了。

成熟了，你自然得到全部宇宙带来的恩典。恩典，最多也只是接对头，或者插对头，让内心带着你走下去。

走到哪里？其实一点都不重要。毕竟，这几句话一样是比喻。

其实，你哪里都走不了，甚至，连“家”都回不来。因为你在找的家，也只是你，而你就是它。你老早就是无所不在，从来没有跟绝对或全部分手过。你最多只能称自己是“一”的一部分。你到处都在，到处都不在。头脑，理解不了“在”。

头脑，理解不了“在”。头脑所认为的“在”，是要占领一个空间。然而，真正的“无所不在”，其实跟时–空没有相关。无所不在，最多只是一个圆满，绝对的观念。

你懂了这几句话，自然活出大欢喜、大爱、大宁静。没有任何阻碍，会再跟自己相关，或者还可能挡住这些本质。人间再有什么困难，这些特质还是会自然浮出来，因为跟人间的任何条件本来就没有关系。如果你还认为透过练习或修行可以得到这些本质，这种观念本身是个大妄想。

反过来，是你把任何头脑的观念或身心可做、可追求、可得的（包括修行）彻底挪开，大欢喜、大爱、大宁静也就突然在眼前，在心中。

只要你还想用人间的“动”，无论是思考、追求或者修行，或是用人间的任何范围来进入、来描述、来衡量，也等于还想用头脑去遮住你本来完美的本质。然而，严格讲，你什么也遮不住。

只是因为你随时认为真实是可以追求到的，自然误导你又建立了一个因–果的关系——好像你透过努力，就可以追求到什么。让你不断设立一个回路，为自己又多带来一个层面的束缚。

“我”、“你”，本身就是多层面的回路所建立出来的。再加上一层不需要的回路，最多也只是在强化“我”、强化“你”。

你要真正想解脱，还要把这个回路和其他的回路取消、解散掉。然而，一般的修行，最多又只是继续追加回路，让你再走更多的冤枉路。

07
难道全部修行都不重要吗？

修行，当然有它的角色。

就是因为你认为这个肉体是真的，“我”“你”再坚实不过，所以修行还是有它的角色。

透过修行，让你可以集中注意力。透过注意力的集中或默观，自然可以把你的念头降低，让头脑休息，达到同步。头脑休息或同步，你才有机会从外在反转到内心。透过这种反转，你也就突然体会到什么是心。所以，修行当然有它的重要性。

但是，假如你随时可以体会到自己的身份，知道自己跟一体从来没有分手过，那么，修行其实是多余的，或是反过来，修行最多只是带来一个提醒的作用，提醒自己本来就是，就有，就在的。

这种观点，可以让你省去多少辈子的时间，而且是醒觉最快、最直接的一条路。然而，它本身，甚至不能称为是一条“路”。最多，只能说是没有路的路。因为它本身跟任何用力、努力都无关。

但愿你把这一点放在心里——只要一个东西是要你费力或努力而得的，那么，这个东西一定靠不住，早晚一定会消失。假如这个东西是真实，是每个人生命都会追求的最高的真实——那，也是一样的。应该跟费力和努力一点关系都没有。甚至，按道理，应该你不费力就在眼前，就在心中。跟你任何做、不做，任何修行、不修行都没有一点关联。

最可惜的是，对“你”，对“我”，人间的吸引力是相当大。你随时下一个反应可能就是：“这些话，跟我的人生、人间所碰到的问题又有什么关系？可不可能改善我的生活？”

我每次听到这种话，最多也只能叹口气或苦笑，也只好让步——这样子，还是让你回到你的海市蜃楼。接下来，好好改善你虚构的人生，取得你虚拟的财物，追求你虚构的命运，再活一次你虚幻的生命。

下一次，谁晓得什么时候可能再见面，我们到时再继续谈下去吧。

然而，你如果心中随时可以体会到自己的身份，也可以说是时时都在修行。

你定在你的本性，每一个瞬间，可以说都在修行，而最多只是活出你本来就有的一体，本来就有的全部。无论你在谈话、做事、开会、休息、睡觉、吃饭、上洗手间、走路、搭车、运动、聚餐、上学、读书、画画、写作、雕刻、打扫、甚至听人抱怨、处理为难的事……都可以修行，都可以随时体会到一体。

你知道是一体为主。一体不动。一体圆满。

在一体上，有那么多画面在不断变化，而这些随时变化的画面，竟然变成了你的人生。只是，这个人生跟你真正的自己，已经一点都再也不相关。就好像在天空，有数不完的星球。无论早晚，星球在移动。哪怕星球升起，星球消灭，天空都在。始终不动，都在。从来没有变过。你最多只是选择放过，选择放过星球，放过天空，而接下来，最多有时候透过注意力跟它合一。就是你和它合一了，你还是充分地知道，跟你真正的自己完全没有关系。

讲合一，其实都不正确。因为你本来就是它，它本来就是你主要的部分。只是，你随时被星球的动态和这个世界的变化带走了。你的头脑只能看到这些动态的东西，也就认定只有这些东西存在。

一直要等到有一天，你突然发现，这些动态的东西，本身是不成比例的渺小和短暂，你才突然醒过来，知道真正的自己是谁。接下来，你再也不会被骗走了。

在这种情况下，什么叫做修行不修行？对你，这也都不重要了。

虽然讲了这么多，我还是要再一次提醒你——假如你的注意力还是没办法集中，没办法得到专注，而情绪随时在起伏，把自己带走，而样样对你都还是有绝对的重要性，都再真实不过，那么，你当然还是有必要练习。

不断地练习，再练习。

你可能还是忍不住想问，一个人懂了这些，为什么还要修行？我一样还是要提醒你，全部的修行，最多也只是在准备你。你过去找到的老师、投入的方法，都是刚刚好。没有什么好计较，也没有什么好后悔。都在筹备你，让你透过专注和净化，走到这里。所以，刚刚好是你所需要的。

一直等到你头脑可以净化，念头和情绪的起伏可以减少，而接下来随时可以宁静，这时候，这本书专为最成熟的修行者所带出来的观念，才会真正有所帮助。

你不能小看过去不同修行法门所带来的练习，经过它们，你已经在对内心说话——希望这一生，能得到一个最终的答案。这个出发点，已经在你的潜意识中播下了一个很关键、很重要的种子。

也就是那么简单，你有这种出发点，再加上决心，自然会感动宇宙，而宇宙也只能回来关怀你，为你安排一切。接下来，你会找到好的老师，找到好的法门，一路带着你从人间找出一条路。

当然，你现在也老早知道，这里所讲的宇宙、老师、法门，最多还是虚构的，都还是从你的头脑所延伸出来的。虽然如此，透过你的诚恳和决心，还是可以带动你，完成你这一生所想完成的。

也就好像透过你个人念头的一种动力，宇宙突然来跟你讲悄悄话，和你联手，就好像非要帮助你，非要让你找出一条路不可。要注意的是，这一条路可能不是你原本期待的，不见得是你短期内认为友善的。

但是，只要你有自信，一切都会圆满地完成。

08

没有东西可以让你醒觉

走到这里，你也知道你和无限的永恒从来没有分手过，而你就是它，就是欢喜，就是宁静，就是爱，就是醒觉。但是，你被世界束缚了一辈子，难免还会忘记，而还要认为外头有一个东西可以让你醒觉。

你这种想法，从世界的角度，听起来很合理。你当然会认为要通过某一个“东西”，某一套道理，也许是一句话、一个发生、一个经过，才让你从人间的梦醒过来。但是，你可能还没留意到，这还是在二元对立的范围里打转。也是因为如此，我只好一再地重复。毕竟，你还会随时忘记，还可能随时回到头脑和世界的领域里。

你要记得，只要有任何“东西”可以指出来、可以谈的，都还是二元对立的后果。这个东西，包括人、事、念头——任何你用头脑可以捕捉到的“东西”，都离不开这个人间。然而，这个人间，本身离不开二元对立，离不开你头脑的范围。

跟一体比较，人间本身是落在另一个意识层面，是相对。一体是绝对。两个倒不是平起平坐的。绝对，随时都含着相对。然而，你把自己落在任何东西、从任何局限相对的角落，是不可能延伸到一体的。

假如你可以接受这一点，那么，你也可能进一步得出这样的结论：不可能会有一句话、一个领悟、一个练习，甚至一位老师——任何东西，可以让你突然醒觉。

不光如此，你再往下推，自然会明白——其实，没有一个“东西”叫醒觉。甚至，没有一个“人”可以醒觉过来。更不用讲，连这位老师可以让你醒觉过来的，也不存在。

为什么？

你称为“人”的，其实还是离不开头脑的产物，一样落在相对的层面。我才会不断地提醒，透过你的肉体，乃至于身心，永远不可能醒觉过来。

既然没有一个东西叫作醒觉，甚至没有一个体叫肉体或身心，你再怎么尝试，都不可能醒觉过来。因为不是透过任何“体”，可以得到你所认为的醒觉。

如果你没有亲自去体会，这些话，可能对你的头脑会带来数不完的悖论。你可能会气馁，甚至可能对我不谅解。毕竟，你那么认真投入“全部生命系列”，一路走到这里，读了那么多，做了那么多练习，也就是心中有个目标——为了醒觉。你实在不明白，为什么我把你带到这里，却又要把“全部生命系列”到目前为止所讲的一切推翻掉？

其实，只要你静下来想，就会发现一点都没有推翻。最多，只是从不同的层次去切入。

我们一路从“有”，不断摆荡到“在”。我也不断提醒你，“有”和“在”并不是同一个轨道。在，不是“有”的对等。在，是指无限或绝对。所以，不可能与相对的“有”相提并论。

但是，你的头脑不可能理解这些话，也自然会把“绝对”和“相对”或“有”落在同一个意识谱，认为是连续的变化。你还会重复我过去用的单摆的比喻，认为可以从“有”一路摆荡到“在”。这是难免的，因为语言确实有表达的困难。

这一次，让我用同一个单摆的比喻，为你彻底把这个观念打开——其实从“有”，绝对摇摆不到“在”。最多，只可能摆到“少有”或“没有”。再怎么摆过去，也只是从头脑比较坚实、比较具体的状态，转到一个比较不那么坚实、比较微细或是抽象的状态，倒不是“在”。

“在”，本身是自己就可以独立的存在，自己可以证明自己，自己圆满自己。它不是透过条件组合的，也不是从意识谱的这边摆到那边。它跟“有”和“做”其实无关，也不是“有”和“做”的对等。

“在”，是个绝对的观念。但是，你现在应该已经反应过来了，知道就连称它是一个观念或状态，你又已经把它局限到了人间的范围。

这是最难理解的一点，我也明白，从我分享“全部生命”的理念以来，谈到“在”，你的反应最多是有时候好像懂，又好像不懂。一转头去面对你的生活，也就把这个不懂的“在”抛到脑后了。

没关系，让我再提醒一次，其实“在”，不靠“有”或“没有”。它本身从来没有变过。更不用讲，没有生过，没有出现过，没有消失过，没有死过。所以，人间任何的东西，无论力道多强、切入多犀利，都不可能让你醒觉过来。

我再一次重复，因为没有一个东西叫醒觉，也没有一个“人”可以醒过来。

事实，又只可能是颠倒的。是你把头脑可能捕捉、可能描绘出来的全部挪开，不知不觉，你的本质（也就是醒觉）才可以浮出来。

是等到你完全成为一个no-body，也就是“非人”；彻底领悟到no-thing，没有任何东西真正存在——完全而彻底地知道，没有一个体，或是没有一个东西，可以称之为自己或是世界，你，才不知不觉被醒觉来觉醒你。

因为醒觉就是你的本质，你，就是它。最多，你只是忘记了。

只要你认为自己还是some-body、有一个“体”、扮演什么角色、有什么人物的身份，还认定眼前样样都是真正存在的“东西”，醒觉也不可能浮出来。因为你老早已经又投入眼前相对的层面。最多，又是把自己当作局限。

这一点，本来是最不费力、最简单可以懂的。不过，假如你真要透过头脑去懂，它反而会变成最难。因为头脑不可能接受 no-body 没有人，no-thing 没有东西，甚至还没有一个身份或角色可以去扮演。

这种状况，是头脑不可能接受的，等于解散它自己。头脑本身是透过局限和限制才可以喂养自己、持续自己、存在自己。突然让它把全部身份丢得光光的，就像一丝不挂，是比死还可怕。

用头脑去取消它自己，是不可能的。

你唯一可以依靠的方法，而且是最不费力的方法，也就是——把你的注意随时摆到绝对，自然让“绝对”把“相对”的一切拉回到它自己。

绝对，含着最大的力量。你只要回到它，自然把“相对”融化。“相对”一点都不需要费力，也就自然消散了。

这么说，你最多也只需要一个心态上彻底而突然的转变，肯定并且承认真正的自己。最多只是这样子，你这一生最大的工程也就完成了。你什么练习也不用做，什么追求都不用去找，甚至什么困难都不用克服。

但是，头脑很难接受就是那么简单，我才要用各式各样的方法，让你到最后能够明白——其实，站在一体，你真的是 no-body“非人”，而人间没有一样东西真正是真实的。

全部的修行，不管什么法门，哪一个宗派，哪一种文化，走到最后，也只是想表达这一点最高的真理。“全部生命系列”也只是如此。

懂了这些，我在这里和其他地方所讲的，全部都是多余。你自然发现，我过去提醒的——醒觉，是追求不来的——这句话是千真万确，也只是如此而已。我不是夸大，也没有简化。醒觉，就是你的本质，就是你的。你就是它。我才会说追求不来。

一个东西，不是你的，你才可能追求到。但是，假如它属于你，彻底就是你，还有什么追求好谈的？

甚至,你一讲追求,已经落到一个错的切入点。承认它、承担它，还比较接近。

只是，讲了那么多，你的头脑还可能不想接受这么简单的道理。所以，你还要继续虐待自己，要抓一个点，落一个锚点，让头脑可以依靠。毕竟，假如你真正接受自己是 no-body 非人、no-thing 什么都不是，就好像在无边无际的空间自由坠落，没有一个东西可以抓住。你这一生全部的价值观念会跟着消散，而你过去所知道的、学来的，一样全部跟着冰消瓦解。这个人间，包括你自己，也突然不见了。

也只有这样子，你才可以跳出人间的轨道，知道跟这个人间再也没有什么共通点，而同时可以放下一切。无论好事、坏事，你全部都可以放得光光的。

你也就不知不觉跳到绝对。

也就那么简单，那么不费力，自由。

不过,这时候,你难免会恐惧。而这种恐惧,对你,可能比任何恐惧更恐惧。这种恐惧，是“你”感觉到自己连生存都守不住，就像会从这个世界彻底消失，而这是你最强烈的危机。然而，只要你仔细观察，这个人间本来就是个虚拟的现象，所以，也没有谁在消失，更不用讲还有什么生存的危机。

只是，你走到这里，可能还不一定完全理解，就是理解了，也可能还会忘记，而接下来还不可能不恐惧。我才会用那么多篇幅，为你建立一个完整的基础。透过理论，再加上练习，让你体会到这个头脑假设的门槛——也就是你认为走到一体、走到醒觉的门户所造出的恐惧——其实跟“你”一样的，根本就不存在。同时，我也希望能让你体会到这个人间真的是梦一场。如果你成熟了，基础稳了，你不光是不会恐惧，而且还是完全不费力，不知不觉也就醒过来。

怎么做？最多也只是透过头脑，为你不断地把相对 vs. 绝对、有限 vs. 无限、有 vs. 在的比较建立起来。让你有一个完整的理论架构，让头脑放心，知道不会落空。知道还有一个比美更美的无限，在等着你。

像我过去所讲的，上帝已经伸出两只手，等着接住你。

你不光不用担心，你还会完成这一生来要完成的最大的一堂功课。

然而，我要再重复一次，其实，就连这些话都还是比喻。

在一体，没有什么东西叫恐惧，这还是你的头脑投射出来的情绪。也没有佛陀和上帝，这一样是你的头脑延伸出来的东西。更没有什么叫作自由坠落，这本身还是一种相对的表达，离不开“动”。

当然，同样没有什么东西叫再美不过的无限。因为你本来就美。即使不醒觉，你还是美。本来就是完美，跟你醒不醒觉一点关系都没有。美，就是你的本质。只是你透过头脑不能理解，而随时要称自己不够美，还需要透过种种追求和练习，来得到你本来就有的美。

我可以再继续用数不完的字句，来表达这个再明白不过的事实，也就是你自己。我指的，是你真正的自己，真正的 Self——一体。

你这一生想找的答案，包括真实，最多也只是你真正的自己。然而，我再怎么去表达，只要你还想用头脑去理解，反而是不可能理解到的。甚至，理解愈多，最多只是为你带来更多阻碍，反而拉高门槛，让你跳不过去。

说到这里，你可能也突然发现，就连这些话一样还是不正确的比喻。不光是因为其实没有门槛，你也不需要跳过任何阻碍。门槛和跳，都一样是虚构的。是虚拟的头脑，为你制造一个虚构的门槛，想出一个虚构的跳，要你来克服一个虚拟的状态。

我相信，你可能还是继续听不懂。我再怎么用尽各种方法去解释，你不懂就是不懂。但是，你不用担心，因为用头脑不可能懂。

而且，其实没有“东西”可以“懂”。反过来，是你把可以“懂”的“东西”全部都挪开，最后剩下来的，才是你的本质，才是一体。

颠倒的是，不是透过你懂多多才可以回家，反而是你不懂的层面，才可以接近这里所讲的。

好像我又开始重复自己，只是我担心你还可能不懂。

我这么说，不是刺激你。其实，是为了鼓励你，安慰你，希望你充满信心，知道自己不需要再费力、烦恼、走那走不完的冤枉路来进入一体。

是舍不得看到你这一生要走多少冤枉路，我才要透过那么多篇幅，来分享一个不可能分享的状态。

正是因为没有一个“东西”叫醒觉，我才充满信心，你早晚一定会醒觉过来。

不用急，不用为了自己现在不懂而失望。这跟你聪不聪明一点关系都没有，是你头脑的运作才会让你不懂。

反过来，有一天，假如你突然懂我这里所讲的，而这是早晚的事（但不一定是这一生的事），我相信，你会惊讶——我怎么可能有勇气，表达人间认为不可能的事，更不用讲做不到的事？

也许是百年后，甚至千年后，谁晓得要多久？说不定，这个地球或别的空间的条件刚刚好成熟，你也刚好成熟，读到这些话，也就突然醒过来了。

这个醒过来，是毫不费力地醒过来。你没有做，没有追求，更没有什么叫作修行。最多，你轻轻松松也就醒过来了。

醒过来，你自然发现“全部生命系列”都是在表达真实，而且都是可以验证到的真实。但是，那时候，“你”跟这个世界已经老早同时消失。

你也自然发现，没有什么东西叫作真实。一切，最多只是个大妄想。

然而，这个妄想毫不费力也就消失掉了，消失它自己。

接下来，只剩下 *sat-cit-ānanda* 在·觉·乐。

09

你就是自己最好的老师

我透过“全部生命系列”，最终，是想把你带到一位最好的老师前。

你到这里，说不定可能也已经明白，这个老师，就是你自己。

但是，我指的这个老师、这个自己，并不是你小的自己，是你真正的自己。

你真正的自己，等了你不晓得多久。从你还没有来，就在等着你。就是你走了，还是在等着你。但是，你过去非要在人间的范围里寻找，还认为有东西可能要学习，还有经验要去体验。

是的，你这种追寻是合理的。毕竟你心里知道，生命还有更深的层面，或更大的愿景。而且，你希望透过不同的法、不同的老师可以帮助你找到。

其实，重点是你的愿——你希望从人间走出来。最多，只是你还不一定了解怎么做，而自然耽误很多时间在寻找。

然而，你也不需要小看自己过去的愿。就是透过这种发自内心想跳出来、想追寻的念头，你才会不断地去找这方面相关的资料和贵人，希望为你带来恩典。

你不用担心，我过去在好多场合不断地谈，一切都刚刚好——你会找到你需要的老师或资料，刚刚好配合你当时的需要，符合你当时的层次或需求。

你找到的人和事物，都是在反映你自己头脑的投射，也可以说是反映你个人的程度。举例来说，你假如还看不清自己的贪嗔痴，自然也会找到一个老师，是在这方面也没有完全解开的。但是，不管怎么样，这还是你自己当时刚刚好所需要的。

你成熟了，自然也会找到一位老师，可以带着你进入真实。我们最多又只能说是刚刚好。一样地，也是在反映你的投射与期待。

总有一天，你经历了数不完的老师，会突然发现，在你心中其实一直有一位最好的老师在等着你。你这位老师，就是真正的自己，也就是我所称的“绝对”、“一体”、“心”、“全部”。

只是你过去不懂，或许是不够成熟，还会认为这些话是不可能，也不认为有一个真正的自己在心中等着。不过，早晚有一天你会准备好，可以跟这个大的自己接轨。

这时候你才会发现，倒不是透过怎么样的力道、说明或深度，可以让你醒觉过来。你在人间可以找到的，无论是透过任何人、老师或东西，本身和你一样是在一个相对的层面。然而，你不可能从相对，突然跳到绝对。你的身心（相对的体）所占的有限范围，跟你所想找的永恒的无限(绝对),完全在不同的层面，不同的轨道。

突然，你才明白过去所着手的全部切入点，所寻找的重点，都和事实颠倒。倒不是透过一个东西或理念可以让你醒过来，反而是把全部的理念完全丢掉，你自然可以深深地潜入自己，投入到内心。

早晚，你能体会到，“投入到内心”这句话是代表——其实，你没有地方可以去，没有东西可以取得，更不是透过任何物质的转变或东西，可以让你投入自己。是刚好相反，是你把物质的层面挪开，你才有资格讲“深深地潜入自己”。

这是唯一的醒觉的通道。

你可能已经领会到，在心中等着你的这位老师，其实不存在。你说它是空，也不是空。你说它是意识海，也不是意识海。你说它是全部，也不是全部。无论你借用哪个名称，还是一样在相对的范围，是头脑投射出——有一个“东西”在“哪里”“等着”“你”，本身一样是局限，一样是制约。

反过来，是你把全部的现象，包括老师的表相或是对老师的期待挪开——彻底地挪开，你才突然懂了什么叫“真正的老师在等着你”。

我相信，就这几句话，已经不是过去的你所能理解的。

过去你会认为这些看法很抽象，其实，一点都不抽象。我们一般认为的抽象，还是一样落在相对的范围，最多是和具体做一个对立。然而，两边都一样。

无论抽象不抽象、具体不具体，都一样是头脑的产物。

你也许还想描述这个老师，是更接近空或是一体。然而，就连这种说法，也只是再一个比喻。它也是你这一生最大的力量，是透过这个力量，你才有这个身体，这个头脑，这个聪明，这个生命。

这个力量，随时在带着你往前走，只是你过去不知道。不光不知道，还可能用头脑产生另一个驱力，不断改变人生的方向，好像还想去盖住它。接下来，让你自己走数不完的冤枉路，承受没办法忍受的痛心，而用烦恼不断来折磨自己。

其实，是透过这个力量，我指的是内心的力量，是你真正的上师，才带你度过全部的困难。让你走到这里现在，可以接触“全部生命系列”想跟你分享的观念。

你还记得吗？我总是提醒你，过去已经过去，未来还没有来，没有什么东西值得你去后悔。也许，到这一刻，你听懂了这些话，可能还会责备自己，不断地后悔——认为自己这一生和过去多少辈子，耽搁了多少时间，全部，全部都浪费了。但是，其实没有什么东西好后悔的。

毕竟，你讲后不后悔，还是在一个相对而局限的范围。然而，相对的层面可以产生的一切——即使是无穷无尽的人生，即使是一生又一生，一世又一世——就整体来看，不光不成比例，还是一连串的幻影。跟梦一样，最多是逼真再逼真的海市蜃楼。

你只要醒觉过来，会突然发现——全部，都不存在。

人生，没有一样东西——无论你这一生，还是你过去种种的生生世世——有任何实质可以支持它。可以支持你这个人生的东西，本身都是有条件，需要靠别的机制才能转变得来。你只要追根究底，自然会发现，这个人生没有一项靠得住，没有一样是可以独自成立的。

这个事实，无论我分不分享，它本来就是如此。早晚，你也只可能得到同一个结论。

这一生，不光你没有什么东西好后悔、好责备、好原谅或好解开，你也不用期待有什么高人，可以让你遇到而成为带你走出来的老师，甚至，你更不用期待会出现是一位心中的老师，来取代过去肉体的老师。

就连这些想法，还是你头脑转出来的。

心中的老师，假如你还要勉强用话来表达它，最多只能说——

不是老师的老师。

不是道的道。

无为的为。

没有生命的生命。

没有意识的意识。

没有智慧的智慧。

无论你用多少话来描述，它不可能落在我们的人间，我才会说它是你这一生唯一可以靠得住的力量。但我这么一讲，自然又落在一个相对的层面。假如你还要认真去理解这几句话，反而又带来一层束缚。

我也只好不断提醒你，醒觉比什么都简单，比什么都不费力，因为连一个观念都不需要，甚至是多余的。它倒不是靠我们在人间的任何东西或行动。事实是，只要你有一个观念，又要把它遮住。而你接下来，还要再费力去打破这个观念。

这几句话，可能是最简单、最明白的，连小孩子都可以懂。但是，反而也可能是你最难懂的。毕竟它本身带来太多悖论，让你的头脑没办法应对。

虽然我在这里提到，内心的老师，倒不是肉体的老师。但我必须坦白说，因为人头脑的质疑心太重，你可能还是需要在人间找一位最好的老师，带着你将许多观念澄清，让头脑可以净化，让心安静下来。准备你，面对你心中的老师。

你要记得，一位真正的老师，无论是肉体的老师还是心中的老师，最多，也只是在反射一体。他不是要为你带来更多观念，反而是帮你消失你这一生所累积的数不完的束缚和障碍。

让我再强调一次，我透过“全部生命系列”想达到的目的（假如还有一个目的可谈），也只是——把你交给你自己心中的老师。

它已经等着你，不晓得多少亿万年。我才会放心，把你交回给你真正的自己。

是透过这一位老师，你才可能把自己真正的身份找回来。有一天，你会突然发现，你心中的这位老师，其实从来没有分手过，而你就是他们。

但是，经我这么一讲，你可能又认为“有自己”、“有他们”，而还要做一个努力，把“自己”和“老师”合并起来。

这当然又是你的头脑在运作，也自然产生一个“动”、“做”、“成为”的观念，认为自己可以透过努力，成为一个醒过来的人或圣人，所以，要“成为”你本来就是的，这本身不仅是不需要，而且，还是“做”不到的。

当然，这些话，你也许已经听我重复了不知道多少次。但我相信，在这里，你已经可以从很深的层面领悟到了。

而你可能也已经明白，事实，又是刚好相反。你心中的这位老师，其实从来没有动过。它也不想成为任何东西，对它，全部的观念，最多还是我们头脑创出来的。然而，除了它自己，本来什么都没有。

就连我在作品里称它为一体，都是多余的。它不属于任何体，更不用讲用一、二、三等等数字来表达。最多只能说它是独一无二（exclusive），也可以说是

（all-inclusive）。因为除了它，什么都没有。

也只有这样子，你才可以把真正的身份找回来。只有这位老师是靠得住，从来没有离开过你，你不可能去消失它，更不用说找到它。

我才会一再地强调，你靠的不是“做”、“动”、“成为”，而让自己心中的老师浮出来。刚刚好，事实又是相反，是通过你“不做”、“不动”、“不成为”，它也自然在眼前。

但是，如果你还没办法活出这几句话，那我的建议还是——透过臣服、参、“我–在”的练习，不断地提醒自己吧。

你可能还是需要透过这些练习，不断地提醒自己。

10
你哪里都去不了

你也突然发现，你不光是非人 no-body、什么都不是 no-thing，其实，你哪里也去不了 no-where to go。

你可能去的那里，不管是哪里，都离不开头脑的运作。

然而，你终于意识到，你本来就是无所不在。你哪里都在，哪里都不在，而且，没有一个地方，你可能可以去或不去。你所称为的“去”、“来”或“旅程”还只是在一个相对的范围里打转。

假如你彻底知道自己的身份是绝对，而且是无限大、无限小的绝对，到处都在，坦白说，你还会想去哪里吗？无论哪里，在整体而言，不光是不成比例，还可能让你的注意（你记得，我过去称为觉）限制到一个微不足道的小角落。

值得吗?

你还可能想去吗?

我才不断地说，你假如走到这里，读到全部这些话，却一点都不惊讶，那么，你哪里也不会想去的。

无论是到多神圣的哪里朝圣，你老早在心中完成了。

你也自然发现，最神圣的地方，就是你的内心。

然而，这个内心，哪里都不是，不可能是人间可以造出来的。不是一个地理的点，不是一个意识的层面，更不是哪一个境界或状态可以描述。

只要你还能用几个字甚至一个书面、一个声音、一种感觉来描述它，还是一样在人间打转，还是被你自己的头脑束缚。

就是因为你哪里都不用去，甚至，你哪里都去不了。到处，都一样。我才不断地说，你到哪里，那里就是这里、现在、当下。

你真正的自己，也刚刚好在这里。在每一个当下，你都可以找回真正的自己。它从来没有离开过你。

但是，这个当下，跟你本来想的，可能又是刚好颠倒。一般讲当下，是时间的观念。然而，我讲的当下是超越时－空，是永恒的观念，没有任何限制或制约。它本身是自由的，跟你可以标定、可以用任何观念去套的，完全没有任何关系。其实，你也套不住它。

这么一来，在这个瞬间，其实随时有着全部的生命。你不用去哪里，不用去任何地方，随时都在跟他们会面。坦白讲，他们也没有地方可以去。他们无所不在，最多还是你头脑的化身。所以，也没有什么地方可以去的。

你可能会想问，这么说，那什么叫作轮回？

轮回，其实不存在。最多，又只是你头脑的产物。

是你过去不相信这些话，非要认为自己是某个体 some-body、某个什么 some-thing，而又可能扮演某个角色 some role，才自然创出来一个“体”叫作灵魂，而自然衍生出一个机制叫作灵魂的轮回。

我也知道，透过灵魂的轮回，你过去认为可以得到一种连续性，而可以把表面上不相关的生命连起来，甚至延续过去的剧本。这个连续的规则，你把它称为因—果或业力。透过这种机制，让你认为可以在一生和一生之间随时穿越。

表面上，你好像还可以学到什么东西。但是，只要你仔细观察，自然会发现，其实你什么都没有学到。只是原本亏欠别人的，透过这种机制，变成借出的人。受害者，透过因—果，变成加害者。痛苦，转成喜乐。好事，变成坏事。这种像跷跷板一样来来回回的作业，是数不完的，而会一再持续下去。到头来，最多只是让你重复可以想到的全部人间的经验、人的经验。

最后，最多，你只是透过一个比闪电还迅速、比光还快的念头，就可以把这个机制推翻、打破、看穿。当然，你也可以把这个机制称为醒觉。

但是，我前面也已经谈过，其实没有一个东西叫作醒觉。醒觉，并不是这个人间的一种运作。

无论怎么说，透过这个醒觉的机制，你过去数不完的生命的连接，也就顿时被打破了。你会发现不需要再延续它。延续它的人，其实根本不存在，本身还是你的幻觉。更不用讲延续的机制（业力），一样不存在。

这时候，你也就恍然明白，自己哪里都去不了。

你想去的地方，老早去过。甚至，你不想去的地方，也老早去过。讲“去过”其实都不正确，因为跟你去或不去过，一点都没有关系。你就是去过，也不重要。你就是不去，还是不重要。所以，你还有什么地方会想去或来？

突然之间，你会发现“无所不在”不是一个幻想，而是千真万确。它是你的本质。无论是哪里， 就是你的本性。

你用最诚恳的心，最多只是接受留下来的恩典。从你的每一个细胞都可以找到他们，因为他们哪里都没有去。只是因为你过去昏迷了，才会认为他们还在别的哪里，而还要再努力去找到他们。

领悟到这些，你也就突然体会，你这个肉体上其实重叠了数不清的生命，无数的体。全部这些体，最多只是重叠到一体。然而，唯一真实的，是一体。而一体，完全没有动过。

对你，最不可思议的是——你，其实就是它。

你只是轻轻松松站在一体，你哪里都去过，哪里都不用去，甚至，哪里也不想去。这时候，你只能张开双臂，像狮子一样大吼：

老天爷！

我终于懂了！

我终于知道了！

也就那么简单，你结束了一切。结束什么？

其实，什么都没有可以结束的。

真没有想到，你根本没有去面对痛苦的内容，这一生数不完的痛苦，反而自然消失了。

然而，你最多也只是看穿这些痛苦，知道它们不存在。甚至，连这宝贵的“你”也都不存在。你不存在，又哪里来的痛苦？哪里来的烦恼？哪里来的悲伤？创伤？

难道你还不知道“你”就是大欢喜、大爱、大宁静、大平等？

你过去怎么可能糊涂到这个地步，连自己的本质都不清楚？

你会突然发现，其实，不光“无所不在”一点都不夸大，“无所不知”和“无所不能”其实也只是你的本质，是你全部的特质。

想不到的是（！）——你过去竟然可以完全忽略掉自己真正的身份，这才是最不可思议的。

到这里，你也明白，连讲到“把它们找回来，是这一生最大的一堂功课”都是不可思议的多余。

怎么可能，你还需要别人不断地提醒你本来就有的一切？

这，才应该是你现在想不通的悖论。

有意思的是，虽然你透过每一个细胞都可以彻底体会到无所不在，无所不知，无所不能，然而，你现在竟然可以选择哪里都不想去，什么都不想知道，什么能力都不想得到！

这个人间，再怎么变化多端、多姿多彩，你什么都不想要。你没有任何东西可以期待。反而，你选择空。选择在。

你老早就知道，这个空，这个在，本身含着全部的潜能，是你这一生还没有来，都早就活过的。

这么说，还有什么可以吸引你的注意？

干脆，就住在大涅槃吧。

11 超越空

讲到“空”，虽然前面已经解释过，但我担心你还可能把“空”当作一个具体的东西或状态，而马上用头脑去衡量什么叫作“空”。

即使我再三地提醒，你难免还是会把“空”当作“没有”，或者当作“有”的对等。甚至，还可能想象成无限大或无限小的虚空。这些，都还是你的头脑再延伸出来的观念。

当然，你现在已经体会到这点限制。毕竟，头脑必须抓到一个点，好让念头可以想象，或是可以用语言来表达。

你可能接触过一些朋友，会把空当作不动、不做、不想，而把这当成宁静。我也遇到过很多修行者，下了许多年盘腿的功夫，可以坐上几小时甚至一整晚都不动，错过该躺下来休息的时间，而把这当作“空”的状态。没想到，这非但不能代表“空”，长期下来，反而还让自己身体的健康受到影响。

你也许还记得，这种功夫所活出来的境界，其实就是我在《定》中提到的“小定”（*nirvikalpa samādhi*“无想定”）。这种定，是有条件的定，是从“不定”，到一个状态叫作“定”。这样的定，无论经过多少个小时，只要退出来，一回到这个人间，也就跟着消失了。

更严重的是，你在这种定的状态下，反而可能会变得迟钝。本来很活跃，突然增加了一层阻碍，变得不那么灵活，甚至活泼不起来，会想从人间躲开。还让你认为，最好不要入世。

也就是因为如此，我还可能需要不断地提醒你，任何要附加条件才能成立的宁静、定或是空，到最后，其实都靠不住。不只是落在一个功夫的层面，一样也还是头脑二元对立的产物，而最多还是在你的人生再加一层隔阂，让你到最后还认为需要费力把这层膜撕开。

我在这里讲的“空”，则是个“超越空”的观念

(beyond emptiness)——超越任何人间可以标签出来，或者还认为可以谈的状态。

我想表达的是，“空”甚至不是个状态，而是随时都有，又随时都没有。你不可能用任何语言或想象去表达。

所以，你过去很少听到我谈“空”。我更常用心、在、一体、全部、最纯的意识、意识海、阿赖耶、因地这些词来表达。用这些话，我是想描述一个“超越空”的观念。这个“超越空”含着一切，倒不允许我们拿任何东西来衡量。

这个“超越空”本身是活的，充满动力。但是，你也可以说完全没有动力。它最多，只是含着你我全部的潜能。从全部的潜能，再不断延伸更多潜能，而你的人生，最多只是一个很小的潜能的范围。跟它相较，是一点都不成比例。

除了它，什么都没有。连一个缝都找不到，一张纸都插不进去。它本身是圆满的，本身支持自己的存在，并不需要某一种描述、某一个比较，甚至一个标准来表达它自己。

你活在人间的机制，反而是要透过“动”“想”“比较”来不断衡量自己的存在。你倒没有想过，只要把这个机制重叠在绝对、空、心、在、一体、全部、最纯的意识、意识海、阿赖耶、因地，自然会发现你所认为坚实的世界，最多只像个来来去去的幻影。这些幻影，就像一场又一场的电影。电影结束了，背景的意识海还是一样的不动，随时在等着你。

你在这个人间，任何标准都还要依赖其他的标准或平台来成立，是透过条件去组合的，最多只是暂时的组成。在整体来看，是靠不住的。所以，古人也好，我也好，最多是把它当作一场梦，一个幻觉来看，或是用一眨眼、一弹指这种比喻来描述它的短暂。

值得你用心探讨的，倒不是空、意识海、一体存不存在。其实，它存不存在，跟你探讨不探讨，没有半分关联，就是你不认为有、不承认它，它也无所谓，还是一样一直在等着你。没有它，其实也没有你在人间的生命。

反而，我还是要坦白讲，就像你之前面对自由或不自由的主题一样的，我认为你该追究的其实是，可不可能趁你还有这个肉身，在这短短的几十年，可以彻底体会到它——也就是你生命的根源？

你认同了这一点，接下来要问的最多也只是“要体会它，该怎么进行？”才可以给自己一个切入点，让你可以走下去。

假如，你走到了这一步，真心希望找到一个切入点，那么，我最多只能再一次提醒——你要体会到真实或意识海，也就是生命的根源，倒不是透过任何“做”或“动”。反而，刚好相反，是你把全部的“做”或“动”挪开，它也就不费力展开来，而自然落在你心中。

当然，光是这几句话，你可能已经听我讲了不晓得多少次。我也只能很诚恳地再一次提醒你，值得问的是——你既然懂了，为什么还是没办法活出它？没办法活出它，可不可能是你还在一个知识的层面理解，而不是真正全面体会到这个事实？

要把全部的“做”或“动”挪开，我指的倒不是身体上“不做”或“不动”，而是你在思考的范围，知道任何念头，本身是透过“动”或“做”所制造出来的。要挪开，并不是你刻意不去想。其实，是更简单。你最多只需要不断提醒自己——只要可以想出来、表达出来的，反而不是它，反而不是真的。

你要找一个切入点，这个切入点也只是——否定一切。

我在这里所谈的“一切”，你已经知道就是头脑，因为一切都是头脑的产物。甚至，没有一样东西，你可以体会到，可以表达出来的，不是你头脑的作用。

否定一切，最多也只是你不断地提醒自己这个理解，不断地重复，直到让它成为你的理所当然。

也就那么简单，你只是否定一切，不断地否定一切，也就让“怎么都否定不来的”——真实，自然浮出来。

这几句话，你老早看到我在作品中重复再重复。假如你现在读到，已经一点都不惊讶。那么，你自然已经落在内心更深的层面。

然而，就连这几句话，你现在也都能体会到最多只是比喻，是我拿来鼓励你的。毕竟，这些比喻，最多还是用相对的脑在表达绝对的观念，本身是不可能的。

讲到观念，你也许又已经发现，还是矛盾的表达。

因为只要成立一个观念，就不是它！

It's not it!

是要把全部观念丢得干干净净，你才可以活出它！

你看，我这样讲，是不是又为你带来更多不需要的矛盾？

我一直不断地提醒你，活出心，比你想象的简单更简单。甚至，简单到一个地步，你当然不会相信。

其实，没有一个东西叫做心，你只要可以把它落到一个“东西”的范围，无论是抽象或具体，还是一样离不开头脑的层面。最后，连讲“不是东西 no-thing”这几个字都不正确。你的头脑，又会立即把它变成“东西”的对立，而建立起一个“不是东西”或你所认为的“空”的观念。

最后，我也只能这么说——心，是超越“不是东西”(beyond no-thingness)或是超越任何观念，包括“空”。

读到这里，你可能自然体会到什么叫作沉默。也就知道，没有任何语言或念头可以表达绝对、空、心、在、一体、全部、最纯的意识、意识海、阿赖耶、因地。

那么，你干脆不讲话，来表达这最高的真实。

但是，我要提醒你，连“沉默”，都已经落入了“声音”或“动”的对等。你难免会认为“沉默”就是“没有声音”，而又把自己带回人间的相对。我这里提的沉默，是“超越沉默”，是你用头脑再怎么努力也想不通的。

虽然想不通，但活出心，其实一点也不费力。

它是最原初的意识，是你本来就有的层面。会费力，指的是你在人间可以想出来的任何东西，反而都是透过努力，在上面又加盖了不需要的一层。因为加了一层东西或观念，你最多只是把它又落到人间的一个角落，而这个角落最多也是透过条件组合的，本身有生有死，更不用讲，和人间的一切一样无常。

真正的沉默，其实从来没有生过，没有死过。你还没有来，它在。你走了，它还是在。我相信，这些话你都听过。但是，到这里，你如果还想用头脑去理解，那么是绝对抓不到的。

因为你就是它。

你就是沉默。

你是最原初的意识。

你是觉。

是在。

是爱。

是欢喜。

是平安。

是涅槃。

12 God Consciousness

前面提到意识海或阿赖耶，你自然会发现，即使这么表达，一样还是不正确。你的头脑自然会立刻对“意识”、“意识海”或“阿赖耶”做一个分别，把它带回人间，而局限了无限的绝对。

所以，我过去也喜欢用 God Consciousness 上帝的意识来谈。（中文把 God 译成主或上帝，我总觉得味道不对。在这里，还是采用 God Consciousness 来表达我想讲的）God Consciousness 是为你表达——你随时都想着主，从来不想跟主分手；透过你这个身心、这个小体，随时在活出上帝。

透过 God Consciousness，你让自己的身份和上帝的身份分不开，而不断稳稳地住在最高的真实。

你站在 God Consciousness，连相对和绝对的分别也都消失。一切，都是平等。甚至，连“平等”都不成立。毕竟，你在讲的平等，还是在形容“东西和东西”“人和人”“事和事”之间的关系。要先有一个区隔和分别，你才有平等不平等好谈的。

你想，假如只有你自己存在，其他什么都没有，那么，你当然没有平等的对象，也没有“谁”可以认定“什么”是平等。God Consciousness 是独自成立自己，是站在无限，站在永恒，一路站到底。到了底，还只是它自己。

假如你还可以从人间找出一个特质来形容它，说来说去，最多也还只是 *sat-chit- ānanda*、大欢喜、大爱、大宁静、大涅槃。

你落在 God Consciousness，自然发现全部都是圆满。倒不需要你做一份功，出一滴的努力，更不用讲还要你修行、练习、祷告或转变。

一切，老早是完美，而这完美跟人类没有关系。人类还没有来，它已经完美。就是人类消失了，再一万年后，它还是完美。完美，就是它的特质。没有一个瞬间，它不是完美。

你在人间表面看到的战乱、不公不义、邪恶、各种坏事，站在 God Consciousness，也只可能是完美。完美不完美，跟你在人间看到的种种现象一点都沾不上边。这种绝对的完美，是在另一个层面。

你站在 God Consciousness，也会突然发现，他的吸引力，远远大于小我的吸引力。

你也许还会纳闷，为什么小我可以制造那么完整的世界，让你非在里面不停地打转，还看不到边，醒不过来。它的吸引力，难道有那么大吗？

但是，你随时停留在 God Consciousness，不知不觉，它也就把小我、小你吞掉了。吞得干干净净，一点都剩不下来。然而，讲“吞”，其实也还是比喻。

你会突然发现，小我、小你其实从来没有存在过。它本身是虚的，你才有机会可以醒觉过来，而彻底体会什么是 God Consciousness。

这种醒觉，就像突然的死亡。甚至，比突然更突然。它不是靠时间，也不是靠旅程。它来不了，也哪里都去不了。没有地方可以去，也没有地方可以来。然而，它为你带来的转变（假如到了这个时候，你还要谈意识的转变）是彻底的，会让你过去所认识的世界完全坍塌。

接下来，再也没有一个“你”可以主导的任何东西。从别人的角度来看，还有一个“你”存在，和每个人一样要上洗手间、要吃饭、还在做事，甚至还可能做得更多。但是，这个醒觉过来的你，老早已经“不在家”，就好像这个身体的家已经失去了主人。你这个主人老早跟上帝、宇宙、全部合一了。如此，你也老早放过这个身体，让它自己运作，让它完成这一生所来完成的一切。

人生还有没有什么目的，对你已经不重要了。不仅不重要，其实，跟你真正的自己也已经不相关。一点关系，都没有。

God Consciousness 这个词，对你已经不是比喻，你已经真正知道这是你的本质。但是，假如你还是希望我再用一个比喻来描述，那么我也只好再借用一个在国外常和朋友分享的表达，就像你喝醉了，完全沉醉在 God Consciousness，没有任何保留，没有任何余地。你，完全臣服于它。

这时候，你不用讲什么是大欢喜，你本身已经是它。这种沉醉，只要你体会过，是难忘的。我很诚恳在这里提醒，确实有这种状态，而这种状态是你在这一生必须活出来的。你光是读或理解这些道理，其实没有用。你只要体验过一次，就会突然认同这里所谈的。而这种认同，是彻底认同。

反过来，如果你还不能完全接受或拥抱God Consciousness，你可以做的，最多也只是对自己充满感恩——感恩，自己有这个生命，让你经过种种的挑战来到这里；感恩，有这个机会做一个反省，你的注意力本来完全对外，突然之间转向内在；感恩，在这一次，你有机会彻底做一个转变。

感恩，是终于了解，你这一生最大的功课就是醒觉。除了它，任何其他的任务都是次要。它是最优先的优先，从早到晚都在你的脑海中。

只是因为你过去不懂，难免把生命的外在和物质层面的追求排到前面。也就这样子，自然耽搁了许多宝贵的时间。但是，你现在既然懂了，就知道没有什么物质可以再吸引自己的注意力，也再不可能把自己带走。懂了，你也自然把注意力聚焦，像激光那么地集中，而自然会发愿“我这一生非要告一个段落不可”。

然而，讲到这一点，事实又是颠倒的。

表面上，是你在追求上帝，甚至还要追求 God Consciousness。但是，反过来，其实是你把自己这一生全部的隔阂挪开，交给它来完成你人生最大的工程。

是它来合一你，倒不是你去合一它。

严格讲，你其实没有去合一的能力，也没有这样的力量。然而，只要你够成熟，把它当作自己最主要的部分。除了它，没有一个东西更重要，它也就自然来合一你。

不过，这个决心，要从你最内心发出来，而让它完全展开。让这决心大到没有一个东西可以再挡住它。包括人生最好的喜事，最快乐的状态，都挡不住它。只有完全臣服到它，它也才自然会来合一你。

我在这里讲了那么多话，好像还有一个“真正的你”可以跟 God Consciousness 合一。但是，这么说，其实又是 much ado about nothing 从明明没有事，要额外生出许多事来。

再想进一步讲个通透，其实只有 God Consciousness 存在。除了它，什么都没有。

也就这样子，你不知不觉不费力进入 God Consciousness。

是透过它，来完成你，来展开你。

13 上帝的事，交给它自己照顾

你走到这里，或是走到最后，其实会发现——这个宇宙不需要你。

这句话，是什么意思？

这么说，最多只是来表达，一切老早都完美。本来就完美。不可能比它更完美。

是透过你的头脑，才认为样样都不完美。而样样，好像还在等着你来完美。还有一些不完美的东西，需要你去改变，需要你用头脑刻意去重新安排、重整、修正，甚至需要你去拯救。

你可能还想不到，这些出发点，全部都是从小我、小你生出来的。是小我、小你在告诉你，还有“完美”和“不完美”。同时，还会为你设定一个标准，要让你不断地努力去追求。一旦追求到了，标准可能又悄悄地提高，或者努力的范围可能默默地扩张。让你不光忙这一辈子，甚至要耗费数不尽的生生世世去追赶。

在这种标准下，你会有做不完的事，对家庭有数不完的挂虑，还要对周遭、社会、国家甚至全球的状况都充满担心和忧虑，希望在个体和集体的层面都找出一些原则来符合你的期待，或让你安心。然而，这种期待是永远不会完成、不可能满足的。

你过去设定的这种满足，是从个人的“你”出发，最多也只是表达个人的角度和观点。这种满足，不仅不足以代表整体，也是不可能从物质层面得到的。只要一满足，你马上可能期待更多，或要开发新的层面去征服。

你可能还记得，我在《不合理的快乐》提到“享乐适应（hedonic adaptation）”。我用这个观念，是要表达——从物质或外在的层面，是永远追求不到快乐的。只要追求到了，这个目标马上又开始往上移。其实，达成目标，并不会让你快乐。

这个机制，不光是在讲快乐的追求，还包括你认为正向的所有感受——安全感、满足、圆满、理想、自由、突破、成就感……都一样，只要一达到目标，很快地，你的目标就会往上调。就好像这一生非要让你尝尽“达不到”的滋味，总是还有一个目标让你去追求。让你的人生，不只是无时无刻活在一种期待，而且还是活在“期待不满足”的状态。

你仔细观察，无论是报纸、电视、广播，乃至于网络的新闻，所带来的，几乎全部都是坏消息。就好像你不断地对周遭的环境、国家、地球有种种期待。达不到这种期待，自然要让你失望、失落甚至感到不安。你过去几乎不会发现，这一切，全部都是小我、小你在运作。这些大大小小的事，其实都跟你无关。而且你也管不了，样样老早注定。你可以管的——最多，是不管。不在这些事上，再加一层自己的反弹。我不断地说，这是你唯一的自由。

可惜的是，你读到这里，还可能会忍不住质疑。

然而，让上帝管它自己该管的事，也就是代表——你可以把全部的质疑、所有的烦恼交给上帝，交给上帝照顾。你放不下的烦恼，把它变成上帝的烦恼。

你就这么试试看，看看接下来还有什么困扰交不出来？还有什么往日的伤痛跳不过去？

这几句话，其实也是彻底的臣服，还含着另外一个用意，也就是肯定——一切都完美。

一切的一切，点点滴滴，无论世界、你、我，都是完美的。

没有一项还等着你去修正，完全都不需要改变。一点一滴都不用调整,你其实都可以接受,包括你自己。

连你自己都不需要调整，什么都不需要改变，你都 OK。

甚至，连醒觉的念头，你都不需要有。

你知道，你在现在这种时候，这里这个状况，就是完美，倒不需要再加一个醒觉的念头。既然完美，没有一个人需要醒觉，也不可能醒觉过来。

这种信心，你也可以把它称为信仰。假如你的信仰是彻底，而且从内心最深的层面发出来，本身就带来一个无限大的力量，为你守住人生的方向，成为你生命的指南针。

这种信仰，还含着另外一个意义。你会突然明白，你、我、每个人都是这神圣喜剧的一部分。只是透过小我，我们把一切都弄反了，全部都颠倒了过来。你过去会以为这个宇宙需要你，还以为自己扮演不晓得多重要的角色。可能，你会透过这一生的种种理想，认定自己有多少任务或多少角色要完成。甚至，你还可能需要醒觉。

你会突然自己发觉，不光这个宇宙是虚构的，人间是虚拟的，而“我”、“你”其实就是虚构的体——是头脑制造出来这个身体的印象，让你感觉有个真正的体。也就这样子，你这一生，全部被骗过了。

虽然眼前有这么一出神圣的喜剧，而你本来不知道自己就在这出戏里演出，但你现在突然自己发现，一切是一场梦。你的这场梦，没有开头，也没有结局。那么，你还有什么可以追求？还有什么故事要收尾？还有什么生命的根源可以让你去追察？

也只有这种顿时的领悟，才会让你突然踩个刹车，体会到眼前的一切都不存在。你样样没有开始，没有起头。你发现，无论你追求什么，其实都不存在。甚至，连你一直追寻的醒觉也不存在。即使醒觉存在，也不需要你。

也只有这样子，突然间，你好像从一个虚构的框架跳出来，再也不想配合这个游戏的规则运作。最多，你只是让它来，让它走。

虽然你知道全部都是虚构的，有时候，你还是可能认真扮演种种的角色，但是，你扮演完，也就从角色退出来。就像看电影，你不可能不知道演员只是演出，也不可能把他的角色就等同于他本人。没有人会认为，戏里演公主的女孩子，在现实生活中就是公主。你也不会认为演强盗的人就是强盗。你当然知道，他只是在扮演一个角色。

这种理解，突然变成你随时可以领悟到的。在人间，你只是在扮演一个或几个角色。无论多少个角色，都不是你真正的自己，连一点点边都沾不到。你最多是透过业力来到这个人间，而透过业力，有出戏要完成它自己。

至于，完成或不完成，跟你真正的自己其实一点都没有关系。

这种领悟，自然随时从你心里浮出来。不断地浮出来,频率愈来愈高。让你不知不觉从这个虚构的真实,滑到另一个真实，好像非要让你从梦中醒过来不可。

让你不去干涉或肯定任何眼前的东西，这种不费力的方法，会混淆你的头脑，让它突然没有安全感。毕竟，头脑就是透过种种的作用和反应，才建立自己，而好像真的有一个“我”、有一个“你”。你不去干涉，不去肯定，更不用去排斥、去反弹。就这样，你反而好像突然断了它的手脚，让它无法运作。它当然要抗议，会混淆。

然而，你不再透过反应和作用去喂养头脑，不知不觉，它也就消失了，或者，更正确的表达是——头脑被整体吸收掉了，融化了，好像起不了作用。最多是你需要就用，不需要就不用。头脑本身倒是不需要随时浮出来，像过去一样，变成你的主人。

一路这样走下去，最不可思议的是，你明明是把样样交给上帝，好像把一切的事当作上帝的事。但是，不知不觉，也就发现上帝跟你是同一个体。你过去讲上帝，好像指的还是外头一个比你远远更大的体。然而，逐渐地，你知道它就在心中，就是你真正的自己。

也就这样子，你把一切交给上帝，自然变成一切交给真正的自己。

你臣服于上帝，也就突然变成臣服于真正的自己。

这种领悟，不是你头脑知性的理解。它是突然的。

在这突然的领悟中，你整个人已经完全改造。不光结构彻底变更，你的行为和一举一动，包括念头，都完全不同。就那么简单，但是你好像经历了一个完整的演化。

我过去才会说，这种转变，是比青蛙跳到人类还更大的一步。当然，在外在的世界，你还是有一个身体，一样要完成生理的功能，一样要生存。但是，你已经完全不同。至于不同在哪里，你也没办法跟别人解释。

你突然发现，你不用修行，修行已经跟着完成。你不用做任何练习，也不需要任何“动”，好像全部，所有的一切，都已经完成它自己。甚至，就算没有这些变化，一切也已经完成自己。只是你过去固执得很，非要不接受，非要不肯定，才要走上那么长的冤枉路。

最让你认为不可思议的是，是你自己，制造这个世界。是过去在无明中，你完全依照自己的形相，来创出这个世界，包括上帝、包括老师。

当然，你过去也常听到“上帝依自己的形相造人”这句话。现在你也知道，这种说法，其实又刚好是颠倒。以前，你在无明之中，这么说也是合理的，至少可以把人的身份提高，成为上帝的造物。

然而，你现在突然明白，以前所谈的上帝，最多只是在反射你的头脑。是你投射它应该是什么样子。如果你的小我和隔阂很强烈，你自然会把上帝变成一个很凶的形相，也许在天上坐得高高的，处分所有的人。如果你心里有慈悲，也就自然把上帝和菩萨变成慈爱的脸孔，展现慈悲的行为。你过去所找的全部老师，也只是如此，最多反映你自己的成熟度和接受度。

假如你读到这几句话，还感到一种对立和抵抗，那么，我只好劝你还是把“全部生命系列”种种的练习和观念再扫描一次。对你而言，“上帝”和“你”好像还是两个不同的体，彼此是分开的。

反过来，假如你完全可以接受这些话，一点都不惊讶，而跟你内心的领悟可以共振，那么，我相信你自然会发现——这一生走了好多冤枉路。

更可惜的是，透过这些冤枉路，你其实什么都没有学到。

然而，一切还只是刚刚好。正是因为什么都没有学到，你才可以走到这里现在。也就是你从人间，学不到任何真实，你才突然发现，在阻碍你的，全部都是知识、观念和念头。是因为你在人生加了“这一点”，才让“这一点”来阻碍你。

你要达到God Realization，彻底领悟到上帝，倒不是把“这一点”或“那一点”挪开，反而是全部接受，一切都接受，包括眼前的那一点。

也只有这样子，你才可以把全部的现象（包括小我）都化解掉。因为你已经彻底知道，这些都不存在。当然，也不用跟它们再做一个对立。

14

这是你的梦，一切是你制造的，接下来，你想做什么？

前面提到上帝，而一切都是上帝的事。与你无关，你也管不了。其实，这个比喻又是颠倒的。

我过去花了相当多篇幅来表达这些重点——假如你知道自己真正是谁，或是你知道自己过去是谁，未来是谁，而现在又是谁，你也自然会发现，前面所讲的“主”或上帝，其实就是你真正的自己（Self）。

然而，我指的上帝和Self，可能跟你想象的还是不一样。人们所称的上帝，其实还是离不开头脑的作用。

让我再重复一次，人间谈的上帝，其实还是你头脑的产物。

即使到了现在，你读到这句话，可能仍然觉得不自在。但是，你只要彻底观察，自然会发现是如此。

如果，上帝确实是你头脑的产物，那么，又是谁制造头脑？什么是头脑的根源？假如你顺着头脑，回到它的源头，会是谁？又是什么？

你只要诚恳又谦虚地追察下去，自然会发现，全部这些问题都没有答案，而你就是那个没有答案的答案。

你跟主从来没有分手过。

是你制造一切，倒不是有一个跟你分开的第三个体叫主、神或造物主。

但是，我相信你已经知道，我在这里所指的“你”，倒不是你可以想象的小你、小我。而是小你、小我还没来之前，就有的你。最多，又只是我前面所说的真正的自己（Self）。

所以，光是说人生是场梦，还不是真正贴切的表达。这场梦，更是你梦出来的梦。透过你的梦，你制造了一切。你不只造出一个完整的人间，让每一个角落都好像合情合理地运作，而且还好像运作得相当好。

你制造了一个完整的宇宙，还让最聪明的科学家和哲学家不断去探讨这宇宙的根源或一切的来源。

你，其实就有这个本事。

千万不要小看自己。你，其实就是它，就是造物主。

但是，你其实也不用骄傲。我在这里所讲的“你”，倒不是认为自己是某某人的小你。其实，你的小你，根本没有这个本事。我指的你，是大你，是你真正的自己，是比这个宇宙更大的你。是你真正的自己，才是造物主。

既然你知道是你制造这个世界，是你是全部的造物主。接下来，你又可能做什么？

其实，你什么都不需要做。你也什么都不可能做。

答案，也只是如此。

到这里，你突然明白自己什么都不需要做，而什么都做不了，因为真实不靠做。你也自然变得诚恳，而当然活出谦虚。

这种诚恳和谦虚的心，是别人不可能理解的。

是你面对这个世界，好像还没有去面对，就已经面对完了。

你还没开始，已经结束了。

你还没有互动，已经圆满了。

你才突然发现，其实这个世界不需要你做任何变更，没有一个东西需要你。你老早已经把它做成完美，你就是有这个本事，从每一个角落，都反映这个完美。你这一生还没有来，就已经把每一个发生的点点滴滴都布局完成。你站在整体，知道每一个角落，都影响到全部。Everything makes sense. 样样都合情合理，没有一样东西不是合情合理，没有一样不完美。

你谦虚，也只是肯定这个力量，接下来，也只是让这个力量完成它自己。

再讲更透明—— It's a beautiful world even without you. 这世界就是没有你，还是一样的美。或是反过来，虽然你还可能想去干涉它，还带着理想，想去变更它，想影响更多人的演化……就是你有那么多干涉，这个世界还是继续美下去，好像跟你全部可做、可规划的，一点关系都没有。

有这种领悟，你只可能停留在自己的诚恳与谦虚。不断停留在诚恳和谦虚，你也就自然懂了沉默。

这个沉默，让我再重复一次，倒不是靠没有行为或没有动作。

如果你还认为诚恳、谦虚、沉默就是闭上眼睛躲到一个角落，不出声音，甚至是身体可以坐着几小时不动，那么，你的理解又是完全颠倒的。

我讲的诚恳、谦虚、沉默，完全在另一个轨道，倒不是和人间还有什么关系，最多是表达你对全部的肯定。这种沉默，反而远远大于任何人间的动力。这个肯定，大到一个程度，会让你再也不会被人间的任何东西吸引。

这就是我在讲的沉默。

讲到沉默，其实它也含着“不贪恋”的观念（non-attachment）。只有透过不贪恋，才可以活出这一生唯一自由的选择。

不贪恋，倒不是你可能想到的放弃、投降、舍离或出离，更不是冷淡的“不做”、“不动”、“不参与”。这些，和我在这里讲的不贪恋一点都没有关系。

不贪恋，是你清清楚楚知道。知道什么？知道你自己真正的身份。这个身份，最多是让你清楚地明白——你和样样，包括主，包括眼前的人、事情、东西，从来没有分手过。而一切，我指的是一切！——你都知道是头脑的产物。

你还是随时可以做、动、参与人间任何的作业，但是不会让它们带给自己任何不需要的期待、烦恼、挫折、愤怒、失望和其他情绪的反弹。最多，你只是处理完眼前的事，也就把它摆开。同时，你也可以放过这个身体，这个身心。就好像把它们交给宇宙，让宇宙带着走，让它们完成这一生该完成的运作。

你本来会陷进眼前的东西，认为这就是自己的全部。突然，你知道，它本身没有绝对的重要性或代表性。你可以轻轻松松放过它，不再去抓它。你也没有必要再加上一层放弃、投降、舍离或出离。也就是这个方法，你可以打断业力的锁链。

到这里，你老早已经知道这个道理，接下来，你应该问的是——为什么还不能活出它？难道你还需要更多辈子的经验？难道你还需要更多的梦，来活出你本来就已经知道、已经理解到的？

15

跟自己，再亲密一次

我相信不用讲，你也老早知道，人间最大的吸引力，除了饮食和睡眠，也就是这个肉体。

你可能已经体会到，自己随时被肉体绑住。不只从它投射出个人的形相，同时，你也会被另一个肉体吸引。你站在肉体的层面，通常是对立的另一个极端（opposite polarity），才自然会被吸引。接下来，可能让你不断地追求，认为有这个肉体在你身边，可以帮助你完成、完美、圆满自己。

然而，你的期待其实是永远达不到的。即使达成了你的期待，早晚也可能失掉一开始的吸引力。甚至，到头来可能让你失望到一个地步，不得不分开。这是每一个人都可能经历过的。

你当然也知道，最不可思议的是，你心中其实有一个远远更大的力量，在等着你，要跟你合一。前面提过，对立的另一个极端，对你有最大的吸引力。然而，内心这更大的力量，其实远远大于任何对立可能带来的吸引。只是，它在另外一个层面，需要你把注意力回转到内心，才可以发现它。

人间产生的吸引力，对你无论再强烈，从心的范围来谈，还是小到不可能再小，而且，还是无常的。人间的吸引力既然可以生，可以强化自己，就会消退，甚至，早晚也会完全消失。

这些话，假如你没有亲自体验，可能对你还是理论。但是，我总是对你有信心。因为心的力量是永恒的，可以说是比人间远远更大。早晚有一天，心会把小你、小我化解掉，甚至吞掉，让你体会到它。这时候，你自然会发现，我在这里所说的一切，你都可以亲身得到验证。

如果你想活出真正的亲密，我要坦白说，这不是在这个世界可以找到的。

你或许还没有看透，所有东西，早晚会消失，而且是快速的消失。过去古人的时代，这些变化或消失，要经历几十年甚至一生才会完成。但是，透过现代社会的快步调，对你，这些变化可能几年或几个月就要走完一遭。现代人的感情，也确实是迅速生起，高速幻灭。

你有那么多痛苦，也是因为人间带来的亲密，再强烈，再令人欢喜，最终也达不到你的要求，才让你失望，让你受伤。

真想不到，在你心中明明有一个那么大的力量在等着跟你合一，让你达到最高的亲密，而你却宁愿选择忽略它。

你可能会反驳我——人间的亲密，无论是亲人或两性之间的，会带给你一种扎实的肉体感触或快乐。非但令人难忘，也是你从别的地方不可能取得到的。

我在这里必须要提醒你，事实其实又是颠倒的。

如果，你跟心中的力量合一，它带来的快乐，才是你在这个世界不可能找到的。从古至今，都用过这样的语言来表达——大欢喜、大喜乐、ecstasy、bliss。你只要尝过这种大欢喜的滋味，不可能忘得掉。

你可能还继续抗议——男女之间的亲密会带来一种满足感，是别种亲密取代不来的。

那，我要再继续提醒，又刚刚好又是颠倒。

男女之间的亲密再浓烈，都是短暂的，最多是几分钟或几秒钟。

与心的力量合一，是为你带来一种永恒的快乐和持续的高潮。这种持续的高潮，在任何状况下，无论你是醒、是睡、在处理事、面对别人眼里的大烦恼、人间最大的苦难，都存在的。这种高潮，会把你空掉。让你从每一个细胞都体会到它。从你的中脉扩大开来，到最后，没有体，没有边际，没有任何阻碍，而可以把整个宇宙都吞掉。

爱，这个字代表合一。

一般人理解的合一，是在人间和一个别人、一件事、一个东西、一个生命合一。我这里讲的爱，虽然也是合一，但是，你合一的对象，是真正的你。这个真正的你，包括整个宇宙全部的可能。

体验过这种合一，接下来，没有东西或对象是你会想去抓、想去贪恋的。

全部都是你自己。

你会突然明白，一切都是你。那么，还有什么东西值得贪恋，值得抓，或还可以合一。

我指的这种爱，不是让你取得或留住身边任何东西，而是反过来，是放下。是你放过一切。是你彻底放下。全部，放得干干净净。是一个东西都不用。是letting go of everything. 不断跟宇宙声明——没有一件东西，我放不下。全部人、东西、物质，我都可以放下。

放下一切，倒不是说要你去虐待自己的肉体。你也许还可能认为，要把自己全部累积的财物或资产都丢掉，才代表放下。这种想法，本身又是颠倒。

其实，需要你放下的，不是物质，最多只是你过去认为财物或资产可以带来的安全感。毕竟，你如果要倚赖物质来安心，这一点，反而才是最靠不住的。你早晚会明白，你唯一可以依赖的，是你真正知道，而且彻底知道自己真正的身份。如果你可以完全活出真正的你，那么，你当然样样都可以放下。因为你知道，一切，本身不存在。就是你不放下，它也不会存在。这个真实，反而会为你带来最彻底的安全感。

你已经可以体会到，我指的放下，是头脑不要去重视或贪恋任何东西。然而，你同时也知道，这个肉体有它业力的周转，来到这个世界有些任务想完成。就让它完成吧。

所以，放下，还要放下你的身体。这个身体还可能有一些生理上的需要，还想完成一些工作，扮演某些角色，累积一些东西，得到一些成就，做一些服务，你也就让它完成。如果它想要吃饱，想要休息，你可以让它好好吃饱，好好休息，就吃饭，就休息吧。你倒不需要虐待这个身体，还非要在吃饭或休息的过程强调什么功夫、什么姿势、什么戒律、什么规矩。这些，难道不是制约？你也放不过吗？

这种合一或放下，其实还包含着另外一个层面的领悟。你过去面对人间的爱，可能还会想取得什么，或还期待什么。也许你还期待对方的同情和注意，期待对方对你有种种的理解和体谅。现在，透过这里所讲的合一或放下，你突然发现，从对方身上，你什么都不用取得，也没有什么好期待的。

光是这一点，我相信你已经发现，和你过去所理解的爱，完全不一样。这种理解，已经为你省掉数不完的烦恼和痛心。

我讲的放下，是没有一样东西需要你去重视，也没有一样需要你特别不重视。你全部让它存在，最多是把每一个当作一个练习，但是练习什么？最多是练习平等心。接下来，你也不需要去分析，也不需要解释它还有什么作用。这一来，你反而随时平静，没有什么动力想做或不做。

没有这个动力，你不知不觉和心中最大的力量合一，而定在合一。

定在合一，你自然活出最大的爱。也就好像你随时在爱中，甚至是沉醉在爱里，而这个爱是远远比人间另一个人可以带来的爱更大。

你看，我这么说，是不是还可能带来更多悖论？

反过来，假如你懂了这些，还有什么比跟心合一来得更急切？

16

接下来，还有什么没有完成的事，需要完成？

走到这里，我相信你自然已经进入了一种宁静，对样样都有一个更深的理解。理解什么？可能你也不在意了。你也就不知不觉，从知道，进入知。从觉察，回到觉。从动，找回在。

但是，偶尔你还可能有许多困惑，带给自己矛盾。

一般人心里的难题，大概可以这样子表达："假如我这么走下去，在人间还可能完成任何事吗？"

这个答案又是相当简单，而我这里要分成两个层面来回答。

首先，你这个肉体这一生要来完成的，你全部都可以完成。

我在前面的那么多作品，已经一再地表达，这完成的过程不需要一个 doer，不需要一个“做者”，不需要一个主体来引导任何事、任何动作。最多，你只要把这个主体挪开，也就是把小我挪到旁边，透过心带着你走。

心中远远更大的力量会把事情做得更好。你透过小我，反而最多只是把样样做得更不好，加上一层不需要的窝囊或顾虑。

差异，最多只是在这里。

你假如想要达到突破，特别是超过任何人想象的突破，足以在人类历史留名的作品，那么，一定要让心带着走，才可能完成。只要你还在用头脑刻意规划或推动，到最后都会发现它的效果是无常，而突破是有限。最多几年或几十年后也就被超过，甚至可能完全被推翻。

你仔细想，人类想出来的全部观念，包括科学和科技所带来的进步，都还是短暂的影响或突破。全部的学问，也只是如此。任何人，有多伟大的成就，无论是财富、魄力、名誉、声望。从整体来看，也只是一粒微小的尘埃。宇宙的风，最后还是要把它吹走，吹得干干净净。一个世代的价值观，也是如此。最后，也会被超过或推翻。

只有心，是永恒的。

也就是这样子，你今天才会接触这个没有路的路。它本身是永恒的，哪怕经过几千或几万年，你还是会不断回到它。虽然外壳、语言、用词可能完全改变，你一样还只能回到它，回到它的精髓。

然而，对这个题目，还有另外一个层面，我必须在这里带出来。如果你还重视要完成什么东西，还认为有什么使命或任务需要完成，那么，我也只能提醒，你还是要回到“全部生命系列”的每一个作品，诚恳而谦虚地再扫描过一次，看可不可以得出接下来我想表达的重点：

前面我会提到突破，甚至任何人都难以想象的突破，其实，这些话是对初学者所讲的。我知道，你可能还放不过成就，还放不过取得，才用这些话吸引你进入“全部生命系列”。让你知道没有一个东西需要放弃，不但不需要你放弃，甚至，你还可能做得更好。

然而，走到这里，我相信你已经体会到，你过去认为全部是坚实的世界、坚实的东西，其实一点都不坚实。它本身就像一场梦，一波一波来，一波一波走，是头脑制造出来的。

虽然知道是你头脑制造出来的，你还是选择随时投入其中。然而，这些头脑的现象，全部都是你的头脑透过因–果的机制不断地在运作。任何“东西”，你只要仔细去观察，也只会发现其实都不存在。你追根究底下去，会发现，样样最多也只是空的。

但是，你可能还是会不断肯定眼前的东西或人，还可能想把这个虚拟的世界当作是真的，为它套上一个单独而独立的生命。也就这样子，你把虚幻当成真实，而把真实的完全忘掉。

所以，前面的这个问题，就好像你还在问——一个电影里的人，需不需要完成任何任务？一个睡着的人，在梦中需不需要完成任何目标？或者梦里还有什么东西？有什么绝对的重要性？

这么问，是不是最多还在延伸小我的观念，让你加上一层不需要的壳，而接下来，反而还要把这壳剥开？

假如你充满着信心，知道宇宙绝对不会犯错，一切都刚刚好，一切最多在放松展开它自己，而一切早晚要回到心，你会真正体会到，没有一个东西、一个任务、一个目标需要你去完成。对你，已经没有一个世界好救，没有一样东西有绝对的重要性。

而且，这些话都不是理论。

不光如此，你自然会发现，你还没有开始运作，其实一切已经完成。一切不光是完成，也老早已经是完美。跟你做不做，一点都没有关系。你做之前，已经完美；做之后，也只可能是完美。

这圆满或完美，是从你最内心发出来的。是内心，带着你来肯定它自己。

是让你随时知道，除了它，没有其他的东西。甚至，没有这个世界。

这个世界存在，是你造出来的一个小空间，再加上时－空的机制，让你自己昏迷而投入到它里面。投入到它，你也就索性忘记了一切。在里头滚，愈滚愈深，从里面产生一套逻辑，让你更是看不到边。

但是，无论这世界再怎么发展，你再怎么投入，你也不用着急，早晚会消失它自己，它本身是不存在的。

就像沙漠的海市蜃楼，什么都不需要你做，早晚，它就消失了。跟你做不做，一点关系都没有。

懂了这些，你自然会明白，你过去认为的圆满不圆满，完成不完成，完全是你头脑透过二元对立在表达。

你以前可能不知道，头脑一定要透过对立才可以养活自己。对立，本身是你头脑根本的机制。没有对立，头脑也自然消失了。认为你还有东西可以做，还有任务要去完成，有目标必须达到……这种念头，本身还是你的头脑在运作。

但是，假如你还没有领悟到这些，你会发现不光是你放不过它，这个世界也放不过你。你会发现这个世界随时可以来折磨你，让你失落。假如是如此，我还是要建议你——一样地，你老老实实回到“全部生命系列”多次带出来的臣服、参、“我–在”的练习。

同时，不断做一个好人，讲友善的话，做友善的事。

也只有这样子，你才不知不觉让身心合一，让注意力透过专注集中。只有透过这种净化，你才自然而然理解到有一个更深的层面在等着自己。这更深的层面，远远大于外在的世界。

这种发现，是你必须去亲自体会的，倒不是透过听讲、透过理解可以得到。

在这种原则下，我想再次问你：

你还有没完成的事情或任务可做吗？

还有话没有讲完吗？

还有东西可以分享吗？

还有吗？

17 为什么那么轻松的悟道，变得那么难？

有些时候，你可能心里还是会疑惑，既然醒觉或悟是那么不费力，为什么做起来反而变得那么难？看看历史，几千年来，竟然只有少之又少的几个人真正醒过来，而可以悟道。

你心里难免会纳闷，假如悟，是你的真实，而一切都是你头脑的设计，那么，为什么你要给自己设计那么多难关？让你非要走那么长的一条路，甚至几乎都是冤枉路，才可以尝到它？

这个问题，确实点出了一个关键。

然而，答案，其实非常简单。

头脑是透过抓、取、附着才可以让你产生感知，而得到知觉。它本身的功能就是“抓”、“取”、“附着”，才可以从那么多资讯中，守住几个小点，让它凸显出来，而变得更真实。

这个机制，其实是为了生存。

相信你也老早知道，不光是人，全部动物都一样，要靠头脑不断地抓，才能快速地对环境里各种危险或不危险的信号做个区隔，而从中排列出重要性的顺序。这种重要性的排列，还会依照头脑去抓、去取、去附着的强度而不同。

需要这么做，是因为头脑有它的限制。同一秒钟，最多只能处理一定的信息量。虽然人类的脑力确实远远比任何动物大，但总还是有它的局限，而必须透过抓、取、附着来选择性地运作。

你再仔细观察头脑，它不断留住印象，把这印象变成记忆，而接下来可以把记忆调出来。就这样，才会成立“过去”和“未来”的观念。而你就是透过头脑的抓、取、附着，才可以建立一个完整的头脑的现实。

头脑所采用的机制，本身当然影响到你对这个世界的看法。只要从头脑闪过去的东西，你都会不知不觉当作是真的。毕竟，这些东西，即使已经过去，你还是随时可以从记忆调回来。就算还没有发生，你也可以从头脑去投射出它们。

自然而然地，经过千万年的演化，你对样样都会想抓、想取、想附着。早期，你抓、取、附着的对象，是环境里具体的东西，也许是动物、植物或矿物。经过几千万年，你抓取、附着的对象，变成头脑自己产生的比较抽象的范围。

我可以再举一个实例，语言的发展也是这么来的。

语言，本来只是一种生存的表达。史前的人，看到野兽自然会大喊大叫。这种喊叫，原本是为了吓唬野兽，是最原始的反应，带着攻击和警告的作用。接下来，单纯的声音无形中变成了语言。是这样得来的语言，竟然会成为人类沟通的工具。

有了语言，自然把你的运作从环境中物质的层面，挪到一个抽象的感受和感情的范围。没想到，这个感受和感情的层面，反而后来居上，变成我们另外一个虚拟的真实。

到这个地步，它其实比环境具体的现实更逼真。人类才会累积那么多痛苦和烦恼，而这种痛苦和烦恼不是其他生物可以体会到的。很可惜，这就是我们人类的宿命。当然，也可以说就是人类的特质。

在这种运作下，你，和每一个人一样的，从出生到现在，不断强化更多抓、取、附着的运作。从你还是刚生出来的小婴儿，光是透过生存最基本的喝奶、排泄，在一天天长大的过程中，就已经在你的心里灌进了各种规矩。包括怎么吃饭，什么叫做偏食不偏食，怎么表达自己要上厕所，几点睡觉，睡觉时要不要抱着小枕头……生活里，样样都有一套规矩。不知不觉，这些规矩变成你这个小婴儿人生的真实，是你要抓、取、附着的对象。

等你进入学校，更多规则出现了。教你和同学怎么相处，面对老师、长辈的指示该怎么应对，考试要考得好，读书要认真，功课要写得整齐，要学会午睡时保持安静，见到老师要有礼貌……虽然是数不完的规则，但是你学习的能力很强，这些数不完的规则，自然变成你这个孩子心里的真实，成为你要抓、要取、要附着的目标。

接下来，你进入社会也是如此，一样在面对数不清的观念、价值和行为。这些规则，大部分是周边人帮你定的，也有很大一部分是你对自我形相的要求。到头来，最多只是反映你在人间想为自己投射出来的形相。

面对这种种的要求，无论是别人或自己带来的，你会随时都觉得自己达不到。即使达到了，要求的基准也随时在往上调。

是透过头脑和头脑衍生出来的种种运作，你才建立那么多层的壳。在一个虚的“你”之上，不断建立更多虚构的要求、虚构的特质、虚构的依附、虚构的贪恋。到最后，反而让你变得那么复杂，完全忘记什么叫作自在。过去我用洋葱来比喻，其实是低估了人的复杂度。人类为自己建立起来的壳，其实比洋葱多得多了。

悟，本来是不费力，和喜乐、爱、宁静一样，都是你的本质。是你与生俱来的权利，不光你出生之前就有，就是离开了人间，你还是有。但是，不知不觉，你会完全忘记。甚至，你还会认为是不可能的。就这样，也才突然产生一个“醒觉”的观念。

对你来说，醒觉，可能还含着这样的用意——要从一个再真实不过的虚构现实里走出来，改换成另外一个比较真实的真实。

然而，这些观念，本身最多只是反映你的制约。

其实，比较正确的表达应该是，你现在清醒的状态不存在，睡梦不存在，无梦深睡也不存在，甚至，连醒觉也一样不存在。全部都是梦，全部都是虚构的。

如果我不这么提醒，你自然会把醒觉和前三种意识状态相提并论。接下来，可能你又要投入一条虚构出来、本来不存在的路——还要从这三种意识状态，跳到一个“比较真实”的醒觉。

你在虚构中，看不到这一层层在虚妄中架高起来的楼房全部都是虚的，都不存在，而还要用这种语言来区隔——区别真的、假的，区别虚拟和真实。

你不知道的是，只要用任何语言来表达，包括“全部生命系列”所带来的理念，都是一样的。而你只要去抓、去取、去附着任何理念、任何表达，它们已经成为你的制约，你的束缚。最多只是启发你头脑的运作，而从这运作又生出一层壳，让你还要进一步把它挪开，甚至费力地敲开。

对你，这些话，可能是头脑最难懂的。毕竟，要懂任何东西，本身离不开抓、取和附着——这就是理解的机制。是透过抓、取和附着，你才可能理解任何东西。然而，要区别抓、取、附着与理解是不可能的。

我才会不断提醒你，并不是透过理解任何东西就可以领悟。更直接讲，也不是透过任何东西，可以让你悟道。反过来，是你还有个东西的观念（这东西，包括念头或感受），才把自己困住。

一样地，这几句话还是你透过头脑不可能理解的。它带来一种头脑没办法解答的悖论。要可以解答，头脑一定要把自己先消失掉。

也许，你到这里还可能担心，假如没有抓、取、附着的功能，没有头脑的运作，你还可不可能活在这个世界，还可不可能有用？我过去针对这个问题，不断试着用各个角度来回答——

一切，你都可以做，也可以不做。最多只是可以衡量做或不做的“人”没有了，消失了。接下来，最多只剩下做。就算还去衡量，倒不是通过一个小的中心“我”，而是透过一个更大的力量（你最多只能称为悟或心）在带着走。

其实，你不光可以做，反而还会做得更好。

但是，坦白讲，连“做”这个观念都是小我产生的。是小我在看着眼前，体会什么叫作“做”或“不做”，甚至什么叫作“做得更好”、“做不好”。假如小我突然消失，任何“做”也跟着消失了。但是，你反而活得很好，甚至可能从来没有那么快乐过，那么平安过。

你走到这里，也就自然会发现，你已经跟人类完全没有关系。甚至，你会进一步明白，人类历史全部过往的文明，留下来的观念，和事实都是颠倒的——没有一样东西，是重要的。反而是因为有文明，有历史留下来的种种制约，人类今天才会活得那么痛苦，而且几乎走到了绝望的地步。

这时，你心里很清楚，人类要永续生存（假如还可以这么说）必须要经过一个大的 reset ——一种重新而彻底的整顿。但是，整顿不整顿，对你个人一点都不重要。你已经化回到整体，老早没有个人的观念。假如是人类注定要做一个大的整顿，那么，这个整顿也跟你没有关系——可以做、不可以做、谁做，对你都好，都没有事。

一切，都顺其自然。

一切，都刚刚好。

一切，都自然在展开。

而在这展开的过程，一点一滴都加不上去，也减不了。对你，已经老早没有事。你老早自由了。

18

这时候，你还可能参什么？

我相信讲了这么多，你可能在某一个方面还是质疑，认为不可能那么简单。甚至，你还可能认为自己有必要修行，有必要练习。而要透过不断的练习，你这一生，才可能告一个段落。

我认为，这种质疑是合理的。最多，只是反映了你多年来的制约。也就像前面讲的，你这一生受到彻底的影响，但是你还不一定知道。

你也可能还会抗议，要反问我，既然如此，为什么还带出来那么多练习的方法？而我还在不断地提醒你要随时回到这些练习？练习有什么作用？又是来扮什么角色？

我在这里，也只能这样子回答——其实，最多只是我从不同的层次来提醒。你假如是初学，过去从来没有宁静过，也没有往内反省过，那么，种种的练习，包括静坐，都可以帮你收心，将你的注意力集中。

让头脑得到这种初步的集中，对你，是相当重要的。你才可以从头脑打开一扇门，而可以透过这个门户，从人生的框架走出来。

但是，你也已经老早知道，我透过“全部生命系列”所带来的练习，还含着另外一个层面。这个层面，我过去称为“颠倒”的层面。

如果你头脑可以集中，可以专注，这时最多只需要做一个提醒。提醒什么？提醒你自己真正的身份。倒不是还要你透过功夫的积累，而可以练出什么。最多，只是透过自己本来就有的圆满，经由练习带来的不费力的提醒，让小我、小你突然回到真正的自己。

在这个经过，其实，你什么都没有做，也什么都没有发生。最多是透过提醒，你可以住在原点。这个原点，就是你自己，是你本来就有的自己。

比如说，讲到参，你可能还记得我过去总是说，参是最究竟的法门，是为最成熟的修行者带出来的。

无论你修哪一个法门，也许持咒、拜神，可能参话头，也许心中朗诵 I-Am，也可能臣服，甚至可能什么宗教或修行都没有接触过，到最后，都自然会浮出来这个问题——

为谁，持咒？

为谁在拜神？

是谁，在参话头？

是谁，在心里朗诵 I-Am ？

是谁，在练习臣服？

为谁，有一个真实可谈？

为谁，还不断地追求真理？

是谁，有辩论？

为谁，可能想分享自己的体验？

是谁，还有问题？还有矛盾？

你也许不是黑发，而是长得一头金发或棕发。你也可能一句中文都不懂，更别说读文言文的经典。或是反过来，你可能一句英文或梵文都不懂，不要说没有读过任何经典，更没有参加过任何宗教。

但是我敢讲，你从人生的任何一个角落切进来，都可以问——为谁，有世界？为谁，有一切？包括烦恼，包括幸福，包括人生？

透过这个反问，你竟然可以排除这一生全部的“因”，而自然得出这样的答复——全部这一生的体验，都是从你的头脑延伸出来的。“你”就是全部这些问题的答案。

没有“你”，其实没有一个人间、没有一个人生好谈的。

既然“你”是因，你也就把可以想得出来的全部现象，透过这样的反问，消除所有其他的“因”。

一切，都是从你心中流出来的。

那么，接下来你也只可能反问自己——那，我又是谁？

这个问题，是没有答案的问题。

你最多只能用沉默来面对它，来回应它。

是透过沉默，你突然领悟到，你活出来的所有经历，无论过去、现在、未来，在地球或别的哪个星球，都不可能为你带来任何答案。最多，是再把你带错路。这些旅程的经验都相当精彩，无论好坏，都自然让你投入再投入，而忘记了自己的身份。

你停留在沉默，什么都没有做，突然发现，全部答案老早就在你心中。也就好像问题还没有生起，老早已经被回答了。全部的人生，过去或未来的，你还没有经验过，都已经老早活过，而且活得干干净净。你再也不重视它们，知道它们最多是将意识做一个限制和失真，也不需要再去在意了。

我不断地提醒你，你这一生唯一的自由，也只是——知道这一点，而且透过这一点的领悟，选择放过这个世界，不再继续去肯定它。

虽然我也讲过许多次，但因为太重要，还是让我再强调一次——你不继续肯定世界，也只是不需要对这个世界再反弹。你该做什么，就做什么。你放过这个肉体，不用担心，它会自己照顾自己，也只是顺着业力，该做什么就做什么。

过去，你非要刻意去变更，坚持用小我的小聪明来主导。然而，你不光担心不来，还可能反而把好事破坏。

这些话，你其实也已经可以领悟到，那么，也就是现在，把它活出来吧。

最重要的是，你也突然体会到，过去认为的受伤和心痛，其实都不存在。你什么都没有做，它们也就自然解散。你突然体会到，你这一生和过去数不清的生生世世在寻找的宁静，在寻找的宁静，在追寻的爱，想要拥有的欢喜，也只是自己本来就有的本性。

接下来，你什么都不用做，反而自然可以活出宁静，活在爱，活得欢喜。

你当然也会发现，修行最多也只是如此。你想不透过去怎么会那么傻，花了那么多心力，不光这一生，还是一生又一生，一世又一世地，投入一个法门，追求秘传的练习。你不光忙着盘腿摆姿势，锻炼身体的柔软度，还想要拉伸到别人意想不到的角度。你追问着气脉的转变，想要打通气脉。你可能还希望最好还能发出神通，把天眼打开。甚至，你默默地希望能透过呼吸和天地合一。过去，你可以说是用尽各种方法虐待自己，就好像这么做，可以把真实忙出来似的。

到这个时候，你也可能看着天大笑。这个笑，像狮子在吼，是从你内心最深的深处发出来。这个笑，不是人间所认识的笑，也可能含着哭，带着全部的情绪，也可以说一个情绪都没有。

你最多只是知道，确实知道，彻底知道，透过每一个细胞、每一个体都知道——眼前再来什么东西，不管好坏，跟你真正的自己没有一点关系。你自己确实含着全部的答案。然而，这些答案不是人间的经验或语言可以描述。这种笃定，让你最多只是透过这种笑来表达。

当然，你也可能已经经历过数不完的痛苦和失望，向内走得很深。这时候，要表达最深的领悟，可能不是笑而是大哭。但这哭和前面一样的，也可能含着笑，含着所有情绪，甚至没有情绪。这是你告一个段落的哭。你和人间，彻底地告别。接下来，你知道自己再也不会被骗了。

你也就真正自由了。

19 自在

真正的修行，其实最多只是自在。

你活出自在。

随时在自在。

停留在自在。

让每一秒钟都自在。

自在本身，也是臣服。这臣服是自然的，倒不需要你再刻意加上一层臣服。

自在，是面对每一个状况，每一个条件，你都可以接受。然而，你其实连接受不接受都不用去考虑。怎么来，怎么走，好像跟你自己没有关系。

你自然该做什么，就做什么。你可以反应，可以讲话，也一样处理事。但是，你不会再加一个层面的思考，好像还刻意要转变或改变什么。放过一切，你自然跟着宇宙在走，随时都在走，随时自在。

假如你每一秒、每一个瞬间都自在，你其实没有时间活出任何境界。连一个念头，都没有空当可能有。更不用说批评、怀疑、愤怒、失落、委屈或任何其他的区隔，都插不进来。

透过每一个瞬间，你最多是老老实实活出那个瞬间。该做什么，你就做什么。倒没有另外一个“体”或“区隔”可以同时存在。

这么一来，你其实随时自在，很好过。你不再加上一层膜去遮住自己的一体，一体也就随时照明出来。照出来的光，可以照亮整个宇宙，是任何生命都可以感受到的。

最有意思的是，你什么都不用做，只要自在，你已经活出你全部的潜能。

但是，对你，什么叫作潜能不潜能，你已经不在意。最多，你只是随时都活在自在。

你不会想引用古人所讲的话，也不想带出什么多高的真实的理论，也没有什么法想跟别人分享。你甚至懒得分享，连这种分享的念头都没有。

你最多只是自由。随时，活出自由。

然而，你这种自由，跟任何人间的自由或其他的特质，没有一丝一毫关系。

你连一个“有”，都不会想要。

你连一个“知”，都知道不来。

连一个“观”，都懒得去观察。

这个人间，一般人所认为的重要不重要，对你，完全不重要。

你只要自在，其实任何方法都不用做。

自在，这两个字已经包括全部的法，全部的练习，全部的修行。是每个人本来就懂，甚至，连小孩子都懂。只是，到现在，大多数人几乎都忘记了。

进一步讲，其实它不是你透过人间的理解，可以归纳出来、描述出来的。

你看，这是不是又带出来一个悖论？而且，还是一个不需要的悖论？

20

接下来，再也没有什么东西可以伤得到你

你自然会发现，你已经不是这个身体，而接下来你的身份也不再是某某人，不再是男、是女、在社会有什么地位、扮什么角色、可能有什么声望……

你的身份自然是一体，是全部，是佛，是主。

没有一个角落你不在，或不是你。

全部这宇宙所发生的事，甚至还没有发生的事，都是你。

你竟然是地球生出来的全部众生，非众生。

就连未来还没有生出来的婴儿，还没有发生的事，全部，都是你。

是你组合一切。

全部的剧本，都是你写的。

然而，这还不够，你还要当里面的主角。

你也突然发现，没有一个东西可以再伤到你，也没有一个东西刻意想伤到你。你可以完全宁静，而同时可以放过一切。

眼前发生的事情，过去可能折磨你的人，你都可以放过。

甚至连这个地球，你都可以放过。

你知道，除了你真正的自己，没有别的东西存在。连你自己的这个身心，也不存在。

接下来，没有一个主题可以让你分心。没有一样东西，需要你去改变。

你也竟然发现，就连你过去经历数不完的痛苦，都还是刚刚好，最多只是在筹备你。筹备什么？其实你不知道，不需要知道，也不想知道。

你突然可以接受你自己，而且，就是你现在本来的样子。

不需要再加一点一滴，只是现在的你。

完全接受了自己，你也突然可以接受别人。甚至，你可以接受这个世界。你再也没有期待，还认为有什么地方可以改变。

你也没有想到，还有什么练习可做，更不会想到还有什么修行需要再补强。你发现，你老早已经宁静。你在宁静当中，倒不需要再追加任何东西。

你也自然发现，每一个瞬间都可以当作最后一个瞬间。每一口气，也竟然变成你最后一口气。

这时候，假如还有一个问题可问，也只是问自己——如果人生只剩下一小时，你又想做什么？想得什么？

假如连这种问题都牵动不了你，你自然发现你已经老早把每一个小时，甚至每一个瞬间，当作最后一个小时，最后一个瞬间。到最后，你只可能深深潜入到自己。每个瞬间，老早变成你最后一个瞬间。而透过每一个瞬间，你已经随时完成人生最大的一堂功课。

这个功课也只是——清楚明白自己是谁，是什么。

所以，接下来，你需要走，随时走。对你，不会让心情有一点起伏。

你本来就安静，接下来还是安静。即使走掉，还是安静。

你老早知道，这个肉体不是你真正的自己。最多，你只是暂时借用它。住着它，但又知道这不是你真正的家，不会以为自己就是这个身体的家的主人。

这种自由，你没办法用语言去表达，别人也不可能相信。你自然不会想跟别人分享，而最多只是成为一个标准的默观者——低调的存在，观察这个世界，当作生命最好的见证。

透过你，最多是在反射这个世界的疯狂。正因如此，你也自然可以放过它，不会再让这个世界继续带走。

你也就自然选择作为一个默观者。

作为一个默观者，你竟然可以活出最高的善意，还带出不可思议大的生命场。最有意思的是，透过不动或不做，你反而影响了数不完的生命。然而，在影响的过程或事后，你并不认为有任何“人”在做任何“事”。而你也没有什么功劳可以自居。

对你，最多是宇宙带着你走。你走到哪里，算哪里，或者走到哪里，是哪里。

你知道，你哪里也去不了，哪里也来不了。你真正的自己——意识海、阿赖耶，老早无所不在。你倒是不会在意还想去哪里。

这时候，你自然发现，自己已经对一切都免疫了。

没有一个东西可以动摇你，可以让你反弹、让你不舒服。全部，你都可以放过。甚至，连你自己的身体，无论健不健康、有没有肿瘤、是不是末期的病，你都可以放过。

当然，你也知道，这里讲放过，又只能算是一种比喻。你明白这个身体不属于任何人，讲放过，其实也不正确。你根本不需要再做一个“放过”的动作，而老早已经把它放过了。

这么一来，过去全部的伤痛，你会发现，已经跟真正的自己没有关联。

你的过去，老早已经过去。你的未来，还没有到来。你全部的伤痛，不需要你去疗愈，它已经疗愈自己。你清楚知道，过去的伤痛还是为了“我”才有的。是小我认为受伤，是小我认为受到委屈，是小我还有数不完的痛苦想分享。

过去，你自己被小我绑住，也难免要跟着有那么多伤痛。现在，你既然彻底知道“我”是虚构的，这些伤痛也突然跟着消失。

接下来，你只是不断提醒自己，不断想起自己真正的身份。

一切痛苦，好像是上辈子那么的遥远。

既然已经遥远，你也自然知道不再需要想它，不需要把它再带回来。

21 没有回头路

相信你走到这里，也发现了自己和没有接触“全部生命系列”之前，已经完全不同。在观念上，你早已领会到，过去自己认为再明白不过的种种价值，最多只是一种束缚、一种制约。你自然会突然质疑这整个人生的意义——你来到这世界，活在这个世界，到底是为了什么？可不可能有一个更深的意义或更大的蓝图，是你在人间看不到的？

你也可能老早已经在转变的过程中，发现自己无论生活的习惯、兴趣和运作，都已经完全不同了。甚至，你可能连个性都正在跟着改，从外向，自然变成内向，注意力从对外，突然转成对内。这些，都可能。

最重要的是，我相信你已经明白自己跟古人从来没有分手过。就连你现在想寻找的真理，也和过去人的追寻都是一样的。

你也可能充满信心，知道宇宙绝对不可能犯错。你来到这里，也许经过数不完的痛苦，流不完的泪，遭遇不可能再承受一次的伤痛，你仍然在某一个层面，知道是刚刚好。是透过宇宙种种的安排，你才可能接触“全部生命系列”想带出来的真理。你也可能从困境中，突然看到一点光明，现在知道你可以走出人间，而让以往的痛苦和悲伤自己流过去。

这几句话，你以前还可能听不进去。现在，你非但听得进去，还可以随时采用。

你同时也注意到，心中有一个远远更大的力量，好像太阳一样带着你走。走到哪里，你已经不需要再质疑，甚至大多数时候也就跟着它走。你心里明白，无论顺不顺，都要走下去。你也已经知道，就是这个力量，把你带到这里。

你可以体会到，头脑有个机制叫因—果，叫业力。是这个机制，为你带来那么多痛苦，让你看不开，让你不断地在人间打转，心情还会时不时高高低低地起伏。

你已经很清楚，业力的机制离不开头脑，就是你的头脑延伸出来的。这一生，你活到现在，点点滴滴全部都是注定。但是，是谁注定？你也知道是自己在注定。你这一生还没有来，已经把每一个细节，最微不足道的细节，就连拿一支笔，现在读这本书，窗外一阵风吹过去，都是注定的。这一生，你需不需要找老师，可不可能找到老师，一样都是你早就规划的。

注定的人，规划的人，是你自己。

是你自己，造出一个走不出来的循环。是你自己，在委屈自己。这个自己，又离不开自己的头脑。你设计了头脑，而头脑也设计了你。

头脑的工具，最多，也只是业力。透过业力，头脑产生一套逻辑，把时—空的点点滴滴都连起来。也就这样子，骗了你一辈子。让你认为，还有一个真正的小你。

到这里，你也只可能再三体会到，人生确实有两个层面，一个是这个人间，而另一个是非人间。一个在动，另一个动摇不了，不用动，省掉动。一个需要做，才可以证明自己存在。另外一个，即使不动，都可以在。

然而，这两个层面，你都可以活出来。

你也自然会发现，这个不动的层面，远远大于“动”。甚至，这个不动，含着所有的“动”。突然，你承认自己这一生全部的追求，都是颠倒的。你本来想追求的，其实是你老早已经得到的。

因为你就是它。

这几句话，对你已经不是理论。你知道，无论从各个角度去分析，最多只能得到同一个结论，也只可能回到这几句话。

因为你就是它。

这个它，你现在可能还活不出来。但是，你可能已经充满信心，这一生非要回到它不可。

这个人生再怎么哄你、骗你，透过任何喜事、热闹、欢喜、兴奋抓住你的注意力，你都知道不是它。这些现象，都不是你想活出来的。它们靠不住。可以来，也可以走。你过去还会上当，但现在，你已经知道是怎么一回事了。

你也知道，烦恼还是一波一波来。但是，烦恼和烦恼当中，你现在可以取得一个空当，而这个空当又随时把你带回来。

带回到哪里？

你知道是它。是你本来就有的部分，随时在等着你。

而你心里也明白，你本来的自信是多么渺小，认为自己不过是一个孤独的人，在广大的世界和宇宙流浪。现在突然发现，这个有身体的你，不是真正的你。它最多只是人生的梦的一部分，本身不能代表真正的你。

这时候，你也不知道该做什么，不知道该哭，还是该笑。最多，你是突然知道，过去完全投入在一个梦的你，被它骗了。

你虽然知道被这个人间骗了，也同时知道它还可能继续骗下去。但是，现在你手上已经有一把钥匙，可以随时解开这场梦，而把真正的你一路护送回来。

你原本亲近的朋友或亲人，你现在发现，它们的影子好像已经很遥远，最多也只是跟你过去一样，都在这场梦里迷路了，一样是这个梦的一部分。你已经明白，你最亲密的朋友，倒不是在人间可以接触到的谁，而是你真正的自己。它突然变成你最亲密的伴侣，随时在心中，随时等着你。

你刚开始，还会想跟别人分享。甚至，你可能还希望“渡”或“救”别人。但是，没多久，你自然发现其实没有谁可以渡，也没有一个世界可以救。这些，还是人生这场梦的一部分。

而你，只要从这个梦醒过来，他们也就消失。一切，也跟着化解掉了。

你唯一可以安慰、可以靠得住的，也只剩下自己了。然而，除了你真正的自己外，什么都没有。你除了从这个梦中醒过来，没有其他的目的或意义可谈。

你自然也发现，你老早已经跟古人、过去的大圣人连接起来。他们就是你的一部分，你也是他们的一部分。他们没有离开过你，你也没有离开过他们。

最多，只有一体。一体之外，什么都没有。

你接下来，什么都可以放过。你不光可以放过自己，更可以放过一切。在这个放过自己和别人的过程中，你会发现，这个世界也自然放过了你。本来你还随时会受到影响，现在，没有一个东西会想来干扰你。

连解脱的理想，也放过了你。

醒觉、不醒觉，对谁还重要？

真实、不真实，又是从谁的角度来谈？

有或没有，在或不在，对你还有什么作用？

虽然有时候，或大部分时候，你可能忘记这些话，但是，你现在有一条路可以随时回到它。

这条路，虽然是没有路的一条路，然而，你已经知道怎么进入它。

只是，你现在也明白，不能称它是路。因为它只要变成一个东西、任何东西，又已经随时不是了。

然而，多多少少，你已经知道自己没有回头路。

22
我的话，其实没有含着任何深度

你读到这里，或许还期待着，我还有没有什么有深度的话可以分享。也许你还在默默地等着——透过一些深刻的字句所带来的力道，可以让你突然醒过来。

这种期待是“合理”的，你的头脑会不断地期待有一个更深的意义可以得到。毕竟，无论我再怎么讲，其实你还是很难抛开“去领悟”的观念。你还可能认为，领悟，也就是突然理解什么东西，而这个东西可能在一个更深的层面，是过去没有想过的。

然而，我在这里需要提醒的是，就连这一点，我想谈的，又可能和你想的颠倒。

这个人间，没有一样东西会让你悟道。

你从相对和局限，不可能悟到绝对或无限。这一点，尽管我重复了不晓得多少次，你可能还抱着一丝希望，但愿透过这个身心，此生可以悟到什么。

然而，这个可能，是真正的不可能。

透过观念，无论多深刻、多新鲜，只要是观念，它本身最多是表达局限和相对。

反而，你要彻底把全部观念丢掉，从最内心的层面知道——不是这个观念，不是那个观念。不是这个，不是那个。不是这个，不是这个——你才可以突然领悟到一切。

是透过“不是任何观念”，你才突然进入智慧的轨道，才稍微尝到一点绝对和无限的滋味。

这本身，又刚好和全部人所想的颠倒。

也许到这里，你还认为这些话只是比喻。但是，事实其实就是如此。

讲它简单，比什么都简单。你想讲一个观念，反而是费力的。无观念，才是不费力。

但是，你过去彻底被头脑的运作影响，才把费力当作自然，而还想“透过观念”去取“没有观念可以表达的”，才会给自己造出那么多痛苦，走那么多不必要的冤枉路。

你还可能想问，假如没有一点更深刻的东西可以分享，那么，接下来要用什么方法可以更有效的互动？

答案也是非常简单，是透过沉默。

沉默。

最多，也只是沉默。

你只有彻底知道，人间带来的所有声音，和声音带来的所有观念、念头和话语，根本都不重要，都是多余，都是费力，你才会突然意识到自己的制约有多重。你也才突然明白，自己过去都活在一个颠倒的世界，把一场又一场的梦全部当作真实。

尽管我已经透过那么多篇幅谈沉默，你还是可能认为——没有声音，才是沉默。就好像你还会把声音和声音间没有声音的空当当成沉默。你甚至还认为只要不讲话，这本身就是沉默。

然而，声音本身和声音带来的观念，还是相对，还是局限。我指的沉默，又是和你所想的颠倒。沉默，是绝对和无限，和“有没有声音”并不在同一轨道。

沉默，其实不属于人间。

沉默，是一个无所不在的观念。

反过来说，你要无所不在，一定要进入沉默。

沉默，跟这个世界真正不相关，一点关系都没有。甚至，连称沉默是一种意识的状态，都不对。它其实“什么”都不是。它不是你用语言可以描述出来的。

但是，沉默这两个字，汇总了“全部生命系列”的所有重点。它本身就是最高的法。

我在国外，常常提醒自己和朋友“Be still and know you are one.”也就是说，宁静下来，进入沉默，你自然知道你就是一体，是全部。

这么说，沉默是你在人间每一个角落都可以找到，倒不是你透过不讲话或不动才可以体会。

在动，你可以活出沉默。

在讲话，在运作，你还是可以活出沉默。

沉默，最多只是一个终结。是你还没有开始讲、开始动、开始做，已经完成一个终结，已经告了一个段落，完成它自己。

这种沉默，不是你透过声音或非声音可以得到的。

这种沉默，最多只是一种圆满。

但是，这个圆满，是圆满自己，圆满到底。跟任何条件、跟人间的任何事都无关。

也许你正遭遇分手的伤痛，或者面对亲人的去世，也许眼泪还在不停地流，但心中，还只有沉默。

你会知道，人间任何发生，无论多么悲哀、惨烈、凄凉，带来多大的危机，都不会动摇你心中的沉默。接下来，你自然不会让这个世界来扰动自己。这么说，沉默也是含着定。我指的是“大定”。

领悟到这些，你自己的生命也老早圆满，你也随时在活出沉默。你自然发现，在人间的任何行动中，你留不下任何未完成的心愿或是能量。没有一个东西在流。没有一个东西要从哪里流到哪里。

你老早已经无所不在，倒不需要透过意识的移动，把能量或念力从一个地方转到别的地方。

从整体来讲，其实没有一个流动，甚至漏的观念。

只有圆满。

圆满，是自己支持自己，自己成立自己，自己满足自己，自己完成自己。这个圆满，你不光是在每一个瞬间可以悟到，而且，你会彻彻底底知道，你就是它。

你明白，根本不需要去追求或取得它。你更不需要“变成”它。你真正就是它。

要回答前面的问题，我最多也只能讲，等“全部生命系列”的作品告了一个段落，接下来，也没有什么话可谈的。

一切，本来老早圆满。接下来，还只可能圆满。

本来是沉默，接下来，还只可能是沉默。

我才会说，我之前没有任何有意义的话可说。接下来，也没有什么深刻的话可谈。

23
醒觉，和你过去的任务都不同

虽然已经用了那么多篇幅来讲同一件事，但无论我怎么说，你可能还是在某一个层面有许多问题，甚至有质疑。

比如说，你还可能认为，醒觉是一种工程。你这一生既然完成了其他的工程，例如事业告了一个段落，家庭也圆满了，而财富也已经自由。现在，应该可以把醒觉作为人生最后一个目标，最后一个里程碑，而在这方面需要告一个段落。

或反过来，比较可能的是，你过去碰过相当多钉子，难免觉得自己命不好、天生不如人。这一生，遇到数不完的痛苦和苦难，让你的心受伤，而对人生感到悲观。有时候，眼泪流都流不完。那种痛，你很难跟别人分享。你是走了那么多冤枉路，承担那么多伤痛，才终于走到“全部生命系列”所带来的一条路。你但愿透过这条路，或许可以为自己的命运带来一种变更。

无论你有哪种期待，都合理，都符合你人生的过程。这一生，你样样项目都需要追求，要花时间，要努力，要守纪律，而要费尽心力才能完成。你当然会用同一个期待来看人生这堂功课——醒觉。

从个人的角度来看，这种期待最多只是反映我们一般的认知和人生的经验。

然而，对你，我在这里必须再一次讲实话。

无论是你这一生全部的成就，或是反过来，你这一生经过的所有痛苦，跟你真正的自己，其实一点都没有关联。

你真正的自己，不是透过这个人间的任何一个东西、一个经过可以把它制约的。你还没有来，就是自由。接下来，还只是自由。只是你不知道这个事实，我们今天才有这么多话可以谈。

我想再表达得更清楚一点——你过去活出来的痛

苦或悲伤，或者可能还认为自己犯过多少错，甚至，有多少罪……全部，都过去了。全部，跟你真正的本性一点都没有关系。

你最多只需要重新调整你的头脑和想法，彻底地调整，也就把过去洗得干干净净，而你可以在任何瞬间重生。

不断地重生，回到每一个瞬间。

你也自然发现，全部的永恒和绝对，就在眼前。你其实不可能有时间或空间，把过去的念头和悲伤再活出一次，更不用讲还有什么业力好谈。

过去的业力，已经过去了。你随时站在这个瞬间，把过去一切记录洗得干干净净。这，倒不跟你的任何行为或“做”有任何关系。

讲到跟你的任何行为或“做”没有任何关系，我要再进一步说——其实没有任何东西，是你需要放弃的。毕竟，没有一样东西，真正属于你。“这个东西”是虚的，“你”也是虚的，那么，还有什么需要放掉？还有什么需要舍离？假如你还有东西可以放弃或舍离，这本身还是小我在讲话。

站在整体，没有一样东西是真的。

醒觉，和你这一生所面对的全部项目完全不同。醒觉就是你的本质，本身就是你的本性。

你老早是醒觉的。你还没有来这一生，就是醒觉的。你就是走掉，还是醒觉的。而你，不可能不醒觉。它本身就是你的精髓，就是你最内心的永恒的力量。这一生带着你走到这里，接下来还要带你走下去。不光这一生，而可能下一次还是继续带你走下去。即使经过上千万次的生命，也从来没有离开过你。

只是你过去不知道这个事实，还把你本来就有的，化作一个需要追求的工程或目标。就是过去不相信，你自然化出一个修行的观念，而要下各式各样的功夫，比如瑜伽、气功、甚至“全部生命系列”的练习，想分段去逐渐醒觉。

然而，走到最后，还是一样的，你什么都没有得到，什么都没有改变。其实，值得安慰的是，醒觉，并不是透过你的改变或其他的“动”可以得到。你转了一圈，最多也只可能回到原点，回到它。

但是，你可能还不知道这个事实，也根本就不可能肯定它。接下来，你自然又继续努力往别的方向走。你也许会找一位不同的老师去体会另一套不同的解说，学不同的法，投入不同的门派或宗教。你也可能继续研究脉轮，看有没有什么特别的方法可以把它打开，或把它关掉，或是转到身体其他的部位。你也许还不断地在寻有没有哪个天堂比较美，或可不可能把你提升到某一个天界。或许，你还在追求气通到哪里，或是走哪一个气脉可能到哪一个境界，升到哪一个天堂。也可能你还在继续追求特别的能力，也许是帮人疗愈、为人解决问题、开启某一种神通或培养其他超人的本事，而还可能认为全部这些都有某一种代表性——代表自己的成就，代表自己跟一般人已经有所不同，而且是反映了你自己多年来努力的结果。

然而，这一些，其实全部最多是在反映你的小我的运作，跟醒觉一点都没有关系。不光不相关，这种追求，可能最多只是耽误你自己，在某个层面又给你带来阻碍。

醒觉，跟你的任何体验无关。并不是你透过一种多深、多微妙、多了不起的体验，而就可以称自己醒觉。

如果你还想跟别人分享或还认为自己得到什么成就，本身最多又只是带来一个局限和隔离。

这种追求，也就好像小狗或小猫不断转圈圈，想追到自己的尾巴。这是永远追不到的。但是，因为不懂，它还是要一次又一次地尝试。

真可惜，全部的人，就这么把切入点弄错了。

尽管我把话讲得这么透彻，你或许还是要继续认为，醒觉这件事，就像成为科学家、教育家、护士、医师或任何一种专业，要透过相当多的学习和努力，才可以得到一个学位、一个认证。

你还是难免忘记，醒觉其实跟人间任何专业、任务或成就都沾不上边。这些成就，最多只是反映小我的变化。然而，从这个小我，你绝对体会不到醒觉。

我多次重复地提醒，醒觉和小我真的是在两个不同的意识轨道，而且，就连“不同轨道”这种说法都只能当作比喻。否则，你透过头脑，又马上会把它落入两个平行或对称的观念。

包括我前面讲到“这种追求最多只是耽误自己”，一样也只是一种比喻。严格讲，其实你什么都没有耽误。耽误的人，是头脑的产物。时间，更不存在。

没有谁耽误什么。

最多，是一片宁静。

这个宁静或涅槃，就是你的本性。

我担心的是，即使我讲了这么多，真正相信甚至可以活出这几句话的人，还是少之又少。我从身边和我相处了不知多久的人，从他们许多的反应就知道，这些话，即使在头脑的层面可以理解，但还没有彻底地领悟。刚听我讲完，还可以完全认同，可以达到很深的共鸣。但是，接下来，也就忘记了。从下一个瞬间的行为就可以知道，前面听归听，感动归感动，但行为，完全是另一回事。

如果你真正知道，全部的追求、全部的渴望都和真实无关，你甚至连醒觉的念头也会跟着消失。你突然体会到 the peace that passeth all understanding ——一种超越所有理解的平安，而突然宁静。你会发现这是你本来就有的，并不是透过知识，无论多么深奥的知识，甚或任何转变可以得到。

其实，反而是轻轻松松，甚至是不费力，也就让本来就有的平安可以浮出来。

也就像佛陀当时醒觉过来的时候，最多只是回答弟子“I am awake. 我是醒的”。他本来就是醒的，只是过去不知道，而现在知道。

等到这里，我想跟你分享一个大的秘密。其实这个秘密，你可能也已经懂了。我透过“全部生命系列”那么多字句，那么多声音的分享，其实没有一个观念值得转达，而且，没有一个过去表达的观念，可以让你醒过来。

讲到观念，反倒是要把全部观念挪开，包括我所讲的一切。

你真正诚恳和谦虚，最后会发现倒不是这些书的内容或声音所带来的力道会对你有帮助，而是心和心的共振。是生命的螺旋场，是一体扩散出来的*shakti* 神圣的力量或 holy spirit 圣灵，是真实所带来的空当，也就是话和话之间不属于这个世界的沉默——是这些，才其实对你有帮助（假如还有什么可以帮助）。

这段期间，我在各种大型的活动注意到，有些朋友已经在转变，而且是不可思议的大的转变。有趣的是，这些朋友，如果请他问问题，他通常没有什么可问的。他来接触，不是为了来听讲话的内容，也不是来分享什么，而是为接触来接触，其他什么目的也没有。他知道生命有更深的力量，准备他刚刚好经过数不完的痛苦、别人想不到的失落，根本没办法分享的悲伤。他走到这里、现在，都是刚刚好，才刚好可以接触。

最多，只是这样子。

各种要求、追求、期待，到这里，也就跟着消失了。

假如你属于这少数的朋友，我必须讲，也就差不多了。我透过个人在时间和精力上的投入，来写本来不该我做也甚至不想做的“全部生命系列”，还要哄着周边的人，像哄小孩子一样，让这些作品可以顺利出来……这些种种，也许有朋友还可能会认为是个人的牺牲，但我认为也值得了。

最后，连值得不值得，最多也只是一个比喻。毕竟，还有谁可以称为值得？为谁，还有什么值得？而还有什么东西可以称为值得或不值得？

这本身，多少还是一种妄想。

其实，早晚，有一天，每一个人都会醒觉。

我敢大胆这样说，因为可以醒觉的人不存在，是虚妄，而醒觉本身是多余的一个动作。我才敢说无论你听不听得进去，认不认同，有没有信仰，早晚都会醒过来。只是时间上或许不同，你是现在听了这些话就醒来，还是你要等到下辈子，下下辈子，甚至亿万年以后再醒来。差别，也只是在这里而已。

但话说回来，时间本来就是头脑的产物，你其实也不用计较，这是早晚的问题。

你看，这里说早晚，是不是又带来一个层面的矛盾？

24
最后，也只是回到原点

没有想到，我个人在宁静中，和你的心对话，竟然这么快，也就走到了最后一章。而你可能还在期待，希望我将这本书和之前所讲的做一个简单的汇整，我也舍不得不试试看。

走到这里，我相信你已经发现，我最后想表达的（也就是最高的真实），其实从来没有离开过前面所讲的第一个原则、第一个重点。只是我切入的层次不同，而可能还为你带来许多表面上的矛盾。

你应该也还记得，《我是谁》的练习其实在重复一个重要的原则，也就是看穿——一切都是头脑的产物。只要你可以称为“人”、“东西”、“事情”，甚至“这个世界”的，其实没有它的根源。

我在国外会这么说——一切，没有一个 causal principle（因果原则），或是 causal ground（因果关系），也就是没有一个“第一因”。没有一个源头，没有一个最根本的机制，来引发一切，带动一切，制造一切。

不仅没有一个“第一因”，其实只要你可以指出一个重点或归纳出一个观念，一样是离不开头脑，而且，是从来没有离开过你的头脑。包括你可能认为相当重要的菩萨道、修行、醒觉、真实，这些都还是人所化出来的观念。最后，还是跟一切一样，你都要丢掉，都要放掉。

只有这样子，你才真正可以进入真实。而这个真实，与你在这个世界的任何观念和经验都无关。所以，我在前面，最多也只能称它为沉默。

你没有一个东西可以形容它，也没有一个经验可以描述它。你会发现，只要你一开口，一下笔，就又落回到这个人间，而和它根本没有关系。

你已经知道，最后只能用“沉默”这两个字来表达它。但是，你又进一步体会到，即使用了这两个字，你也会发现又不是它。

这么一来，你也就彻底明白，没有一个东西叫真实。就是有，也没有一个“人”可以进入或体会到真实。无论是“人”或“真实”的观念，两个都一样是虚的。你或许也记得，我在《我是谁》和其他的作品中不断提醒——甚至连“我”、连“你”都是虚的，都不存在。本身没有一个源头、没有一个根源、没有一个“第一因”。一样地，都是你的头脑的产物。

只有这样子，你才可能彻底理解这本书前面所谈的自由。我相信，对于我过去所讲的——你这一生唯一有的自由，就是“不反弹”——你也不会再惊讶了。

其实，你也知道，我接下来会讲什么。最多也只是——既然小我和一切都是头脑的产物，而都是虚的，都不存在，你又有什么必要去反弹？

面对人生的一切现象和变化，只要你一去肯定、去反应、去投入，自然会发现自己已经被它带走。我才会说你拥有的唯一的自由，是轻轻松松随时知道这一点，而轻松选择留在一体。定在一体。最多是你透过一体，来欣赏这个生命所带来的幻影。

只有透过这种领悟，你才会发现过去全部的矛盾也跟着消失了。

你也才会彻底地发现，前面多次谈过的意识谱，确实有两个不同的层面。一个是一体，是无限的绝对。另外一个层面，也就是人间的有限、相对和比较。而真正的自由，没有条件的自由，最多也只是你轻松选择停留在真实，也就是绝对、心中的一体……

我相信，你读到这里，应该已经和过去不一样，不再有矛盾了。同时，你也可以理解，为什么我要像剥洋葱一样一层一层地去深入，而不断强调希望你透过之前的作品打一个基础，深入去理解和探讨。你现在也明白，有些话讲得太早，其实反而会为你带来不需要的矛盾。甚至，让你表面上以为自己懂，但其实是不懂的。

我讲的一层一层剥开，不光是剥开你过去的制约，而还是把全部观念，甚至过去累积的灵性、修行和我在“全部生命系列”所讲的观念全部都剥开。只有这样子，才可以让你建立一个更深的基础。到了最后，你连这个更深的基础都要剥掉、打碎、化解，甚至彻底消失。

"全部生命系列"的观念，跟你过去在人间所学到、体验到的完全颠倒，完全不一样。你也只能诚恳而谦虚地来面对这些观念和练习。

再一次，我要提醒你，这种"剥开"，不光是头脑或理论上的层面，而是透过你身心的每一个体，都要把它根除掉。这才是我用剥洋葱这个比喻所讲的完全剥开，希望这样子让你投入内心更深的领悟，透过自己的身心，做一个彻底的体验。

讲到这里，一样地，我过去也提过 *prarabdha karma* 随伴业的观念。也就是说你就是见到、懂了、醒过来了，最多也只是发现——醒过来，还可能有一个"你"的体，还剩下过去所带来的业力。而你还需要让它展开，活出你还没有来这一生早就规划好的一切。

这个观念，我确实在不同的作品里不断重复。但是，我坦白讲，一样地，也只是为初学的朋友，带来一点东西可以掌握。

严格讲，你真正醒觉，也自然会发现，其实没有"你"可以醒觉，甚至没有一个东西叫作醒觉。同时，你也进一步体会到，更没有一个东西叫业力。甚至，业力注定或不注定，跟你已经不再有任何关系了，对你不再有任何重要性。

因为没有一个“你”是具体，已经老早化到整体或一体。除了一体，什么都没有。甚至，连一般人所认为的一体，本身都不存在。其实，没有任何一个“东西”可能存在。

谈一个人这时候还有什么业力，还有什么要展开，是从人间的角度来看。从“你”、从“我”看一个圣人，从我们的角度，人间的角度来描述，才会看到还有一个体存在。也只好说你还有过去所带来的业力，你还有残留下来的东西要活出它自己、要展开它自己。

然而，你醒觉过来，对你，其实什么都没有。

就像之前讲的，没有“你”在醒觉，也没有醒觉的过程。甚至，没有一个状态叫醒觉。一切，其实都只有它。而它，最多只是一体，只是心。

到这里，业力不业力、醒觉不醒觉、注定不注定，对醒觉过来的你，已经一点都不重要。这些观念，跟你活出来的生命，好像在两个不同的世界——不同的意识轨道。再严格讲下去，其实，也没有什么东西叫作生命。就连你所称为的生命或存有，本身都还只是一个妄想，都还是头脑的产物。

你到这里，自然发现其实没有什么练习好做的。甚至你走到最后，连参、臣服、I-Am、我—在，都是多余的。

你就是它。你就是一切。你就是你本来想找的答案。你不可能找到另一个答案。你再怎么找，最多只是回到原点。只是过去你不知道，才有许多练习可谈，而可以让你再继续迷路，或是好像带来一种成就，建立一种功夫。

假如你真正知道，其实自己本来就在家，从来没有离开过家，这时候，“无事生非”这四个字才真正活起来，你才真正懂。不然，“无事生非”这四个字对你一样只是比喻，一样离不开二元对立。最多，又只是一个你的头脑的观念。

“全部生命系列”所带来的一切，也就是那么奥妙，好像有，好像没有。好像带来一个指南针，带着你走。但是，走到最后，你会发现这个指南针也不存在。

你到了哪里，那里也好像不存在。你懂了什么，一切的"懂"都要丢掉。你领悟到什么，更不用讲。全部你可以领悟到的，一样都还是头脑的产物。

你看，这是不是相当有意思？

你读到这些，假如一点都不惊讶，而发现自己已经稍微摸到一点边，可以从心得到一种共振，我相信你自然会同情。同情谁？同情你，同情我，同情整个宇宙，需要透过那么多篇幅，那么多话，要整个全部所带来的决心，再加上勇气和耐心，才让我们能透过"全部生命系列"一点一滴地表达，一点一滴在心中让它沉淀。

表达什么？体会什么？表达根本不存在的东西，体会一切你本来就有的层面。

你看，这是不是很有趣？

落在个人的角度来谈，假如是你，有没有这个勇气来做这个角色？办这个工程？——你要用自己不熟练的语言来表达，对个人非但没有好处，反而还可能引发各式各样的争议，甚至不理性的误会。

假如是你，会不会更可能说——既然一切都不存在,有什么功课好转达出来的？又有什么法可以分享？为什么不干脆做一个标准的默观者，活在这个世界，又跟这个世界一点牵挂都没有？度过它，心里其实清楚地知道没有度过任何东西,好像是度过去度过自己。

这些话，我相信你读到这里，也一样地，一点都不惊讶了。

这一来，你会发现，透过“全部生命系列”，我们已经建立了一个完整的意识网格，是在准备你面对未来。然而，你也彻底明白，其实没有一个东西叫作未来，更没有一个东西叫作过去，连现在都是个妄想。我才有把握，知道这就是人类的命运，在等着我们。你再怎么拒绝，其实都没有用，它早晚会发生。

你看，这是不是又一个矛盾？

因为什么都没有发生，也没有什么东西可以发生。发生，还是一个头脑的产物，是我们人制造时间的观念才有的。

什么都没有发生，你竟然完成了人间最大的一个工程。

讲到这里,你看是不是又带来一层不需要的比喻？

结语

我透过这本书，最多只是把许多过去表达的观念做一个整合。其实，在整合当中，你可能已经发现，我不只是打破，甚至还推翻了“全部生命系列”过去带来的观念。这一点，可能会让你有些困惑。

我必须这么做，因为我们的头脑太聪明。只要有任何观念稍微可以懂的，它一定不会放过，一定会去抓，而接下来附着在上面，非但放都放不掉，还可能愈抓愈紧。就这样，把“全部生命系列”又变成另一个理论的架构，而非要用头脑去理解每一个重点。

就是有这层顾虑，所以，我要在很短的时间内，把一本又一本的书完成。不断透过前面的书，设立一个完整的基础，让你可以踏上去，而同时还可以更深地潜入你自己。

最后，我希望，无论是之前的阶梯，甚至之后所建立的基础，你都要散得光光的。你才可以突然体会到——“全部生命系列”想要表达的，其实没有话可以把它描述出来。

我很有把握，很多过去比较偏向左脑、知性而务实的朋友，完全可以切入“全部生命”的理论。因为我用的语言，是从“有”一步一步带到更深的层面。

是透过“有”，走到“没有”。

透过理性，超越理性。

最后，是透过脑，来超越脑。

就是因为我知道，现在的人是那么聪明，头脑是那么的发达，让你有那么强的推论能力。我才认为，假如你这一生在意识层面不告一个段落，是相当可惜的。

因为，除了意识，什么都没有。只有意识是真的。

然而，你过去所学、体会到的一切，却是刚好颠倒。

这个世界，其实不是像你所想的以物质为主，而是唯识——只有意识。

你，就是意识组合的。你只要回到意识的层面，过去认为很扎实的全部物质，也就消失了。

消失了，并不是什么都没有。只是让你跳出肉体的框架，而让你活出内心随时都有的最大的力量。它就在那里，等着你取用它，驾驭它。

最不可思议的是，就在你自己心中，有那么珍贵的宝，有无限大的力量在等你。你却反而宁愿在表面的皮毛琐碎打转，也就好像一只狮子，被一群猫养大，竟然可能彻彻底底忘掉自己是狮子。

然而，有一天，它突然醒过来，知道自己的身份。这时候，即使它选择沉默，但它沉默的力道就像狮子在吼。不需要任何动，它尊贵的威严也老早流露出来。

不过，就连我用这些话来描述，最多还只是个比喻。

如果你要去解释什么是意识，这本身一样又要落入一个头脑的陷阱，转不出来的。自然还要跑出一个观念叫作“意识”。

最后，是你要把语言可以带来，或脑可以想出来的全部观念都打破，你才突然发现，其实最后什么都没有。

什么都没有，你却又老早已经圆满。

你看，这是不是又带来一层不需要的悖论？

附录
在“我－在”之前

读到这里，相信你应该可以理解，全部的练习其实都是多余的。正因如此，这本书在前头也没有安排任何练习。

过去，我会提到练习，最多只是为了两个作用：

一是净化，让头脑（五官加上念头）的运作单纯化。无论透过哪种方式达到这种净化，最多也只是希望简化知觉，让感官的运作同步而一致，而不是各行其是，甚至到了失控的地步。

我也曾经用“准备好”或“接轨”来表达这样的同步，就好像所有的练习是为了让头脑自然踩一个刹车——从外在的追寻，转回内心。倘若不是如此，倘若我们的心还随时在外奔驰，静不下来，要做反省，是很难的。

接下来，练习的第二个功能，最多也只是反省。

说“反省”，我过去也用“反复”、“回转”、“记得”这些词，来表达同一个意思。这么说，都是为了提醒我们——最多是用练习，来找回本来就有的层面。我们本来就有的“家”或“心",是在绝对的意识层面，并不是我们透过人间相对的意识可以转过去。反倒是我们把人间的一切挪开，它也就自然浮出来。

就像这本书一再强调的，回到这个层面“倒不是靠任何做或动可以得到”，而是刚刚好相反。

我接下来，还是想试着用一个提醒——我在这里将它称为练习——来表达这几句话。试试看，我们可不可以透过它，一起回家。

练习

轻轻松松地坐着或躺着，把注意力轻轻摆在呼吸上。

吸气，吐气。

吸气，吐气。

轻轻地吸气，慢慢地吐气。

吸气，只是轻松地知道。

吐气，我也知道。

吸气长短，都没有关系，只是轻轻松松地知道它。

吐气，一样地，长短快慢，都没有关系，只是知道。

知道吸气，知道吐气。

继续轻松地知道，知道一呼一吸。

吸气，吐气。

只是吸气，只是吐气。

慢慢地稳定下来，可能五分钟，也许十分钟或更长。

接下来，吸气时，在心里说“我”。

吐气，加一个“在”。

吸气——我，吐气——在。

吸气——我，吐气——在。

“我－在”其实含着绝对的意识。我们配合呼吸，在心中把它念出来，不光是让意识和呼吸结合，更是把身心和身心以外都合一。这种合一，是彻底的合一。是把呼吸所带来的“动”，交给“不动”的层面。也就那么简单，让一切“合一”。

“合一”什么？合一自己。

透过“我－在”，我们也是对自己做一个声明——除了主，除了神，除了一体，没有其它的体。一切，都跟主、神、一体、佛性分不开。我们就是它。

我们就是这个分不开的它。

“我－在”最多也只是让一体做个声明，声明他自己。用“我－在”来表达一切，其他的，任何一句话都是多余。

“我－在”也含着另外一个用意，就是存有。是谁存有？谁存在？是“我”。透过“我－在”，让小我做个声明——“我存在”、“我存有”、“我–有”、“我–是”、“我知道我在”、“我是活的”，或者最多是“我知”。

透过“我–在”，也就这样子，全部的重点落回“我”，而这个“我”已经不是小我。小我是透过客体（觉察到什么、知道什么、感受到什么、看到什么、体会到什么、作为什么……）才可以定义自己。然而，“我–在”的大我，是轻轻松松地停留在主体——它自己。也就那么简单，把全部念头的根源收回到它自己。虽然只有主体，它又可以存有。

继续吸气，吐气。

吸气——我。吐气——在。

吸气——我。吐气——在。

重复再重复，至少十分钟，或到意识稳定下来，很舒畅，可以完全投入“我–在”，再轻轻松松把“我–在”放掉。

这时候，你已经清楚知道，即使没有透过这两个字，你还是知道你存在，而这个存在是不费力的，甚至不需要用这两个字来表达。

完全不费力，最多只是自在。

是自己存在自己，是自己知道自己在。

除了这个自己，没有其他的体。也就这样子，你懒得用“我—在”这两个字。你明白任何字只是带来限制，带来局限。用任何字，都把绝对限制到一个相对的范围。从全有，落到一个小有、小我。

这时候，心中最多只剩下“在”。除了“在”，什么都没有。

不用语言来表达，你自然体会到随时都在。

接下来，这个不费力的“在”的体会，已经不是透过头脑，甚至不是透过情绪或感触，不是透过身心的任何层面，而是一种全部的臣服。

你一切自然交给“在”。

但是，“在”是什么，对你已经不重要，也根本不会去重视它。

同时，你也发现，假如还有任何念头，你轻轻松松地知道，任何观念或知觉，跟这里所讲的都不相关。任何观念或知觉不光是又把自己限制，而还是要费力才可以维持。然而，真正的“在”，完全跟这个小我脱离，所以，完全不费力。甚至，可以说，不允许任何用力。

也就这样子，你自然进行了“参”，也同时进行了臣服。参，最多只是在寻这个头脑的来源是什么。而臣服，最多只是把自己彻底交给这个头脑前面的一切。

参的用意，最多只是透过净化，把我们的念头，轻轻松松带到念头的根源，而这个根源，最多只能用“在”来形容，倒不能用“动”“成为”或时—空来表达。只是，我们也自然发现，连这个“在”，在我们一般的观念里还是念头，本身还是在反映“我”。

是“我”还知道有个“在”，或者“我”轻松地体会“在”。甚至，“我”觉，“我”知，“我”观，都还只是“我”的作用。只是，这个“我”的主体，已经脱离了后面所觉察到的客体。就好像主体“我”突然不需要找到、想到、感受到一个对象、一个客体，它本身都可以独立地存在。也就这样子，很轻松地把过去后段的连接或二元对立的关系打断了。

但是，“我”——我们也可以称为大我——，还是存在。这时候，轻松地用参，来问自己——这个我，又是谁？为谁，有知，有觉，有观，有在？

答案，最多还只是我。不管是小我，是大我，它还是我。那，我又是谁？

只要有任何念头，你自然可以否定，知道不是心中的答案。这本身，就是参。

也就这样子，我们跟着小我，一路回转，靠着它，接近“在”的根源。是这时候，做一个彻底的回转，我们才可能顺着念头的流所带的动力，转回到头脑的根源。但是，记得最多也只能到门户。接下来，还是需要绝对才可以把我们化解掉，甚至拉进去它，彻底地吞掉。

只有这样子，我们才可能用脑回到超越脑，用动到超越动，通过有形有相到无形无相，从局限体会到无限。

讲得更透明，只有这样子，我们才可以把脑的根彻底除掉。透过这种寻是参，我们自然会发现，这个脑其实不存在，本身是虚的。

但是，这几句话，不是透过念头能够体会。甚至，是在一个无念的状态下，我们才可能突然体会到。

其实，就连“我–在”都还只是一个声明。绝对，是透过“我–在”，才显化一个完整的宇宙和造化。在“我–在”前，其实它老早都有，含着全部生命的潜能，只是没有透过我们的逻辑显化出来。

这些话，本身也自然变成一个话头——什么是生命？什么是显化不显化？是站在谁的角度，在说这些话？

甚至，连“醒觉”都还是一个观念。根本没有一个东西，叫醒觉。

回到练习：

再十分钟或是一段时间过去，你又进一步稳定在新的意识基础上。你自然会发现，身体会有很多转变：可能呼吸变得更慢更慢，可能有欢喜，有宁静，有光，有声音，有很多现象。

然而，你最多也只是继续。

继续停留在“在”——没有声音的“在”，没有话的“在”。你知道，这些现象其实跟“在”或“不在”

一点都不相关。

这样子，又让它稳定下去。

终于，你自然发现，你变成一个见证者，不费力的见证者。好像眼前什么东西来，什么东西走，你都可以看到，看得清清楚楚，你都知道。但是，你突然可以体会到，连这个见证、这个观察，都还是一个局限。你也自然可以把这些放掉。

你清楚地知道，在“我—在”、见证、观察前，还有一个意识。这个意识，随时都在，从来没有离开过你。但它不是透过见证、观察、理解、知道可以取得的。甚至，不是用我们一般人想的在、知、觉、观可以把它框架起来。不过，没有它，你本来也不可能观察到任何东西。

这个意识，倒不是前面所讲的“在”，它是在“在”和“觉”的前面。没有它，没有“在”，也没有“觉”，更不用讲没有任何知识或任何东西可谈。

我们要去彻底体会到它，最多只能把它活出来或是定住在它。而活出来，最多只需要自在。

你会突然发现，“全部生命系列”一步一步往前推，从“知道”推到“知”，从“觉察”推到“觉”，从“有”、从“动”推到“在”，从“相对”推到“绝对”，从“小我”推到“大我”，甚至“无我”……这些话，包括观念，全部最多还是一个比喻。

其实，就连“知、觉、在、绝对、无我、不动”……还只是一个相对的层面在运作。这本身，还是离不开头脑。无论多微细，还是站在一个头脑的层面。

真正的“心”或“家”，是在“知、觉、在、绝对”、“无我”、“不动”……之前。甚至，连意识，对“绝对”来说，又已经是下游了。在意识前面，还有一个层面。

然而，我相信，你也已经发现，连这几句话又已经不正确了，最多还是个比喻。因为在绝对，没有什么前面、后面、内、外、上游或下游，也没有什么东西不是它。它包括一切。但是，这一切又不是我们人间可以想出来的。

虽然如此，我们还是可以说——真正的你，就是它。

它，就是通过这个练习，你可以突然体会到。

假如你真正体会到，你已经脱胎换骨。你也同时突然明白，连“全部生命系列”所带来的捷径，还是让你走了一趟冤枉路。

走到这里，你看是不是可以将“全部生命系列”所建立的字眼和词汇，通通都丢掉。最多，只需要把它活出来。你本来就有的完美、圆满，倒不需要任何字眼、任何说明、任何方法来帮你体会到。它本身就是你的本质。想用任何话去描述它，都是多余，也描述不了。

假如这些话，你完全可以听懂，甚至可以活出来，我相信你也同意，其实它本身不是一个练习。甚至，没有练习可谈的。

接下来，你想做什么、想去哪里，还需要声明，还用分享吗？